10 CLÉS
POUR **RÉUSSIR** DANS
L'AGROBUSINESS
EN **AFRIQUE**

LOÏC KAMWA SILATCHOM

JE SUIS REVENU DES USA POUR FAIRE DE L'AGRICULTURE EN AFRIQUE

10 CLÉS

POUR **RÉUSSIR** DANS **L'AGROBUSINESS** EN **AFRIQUE**

Living Books Publishing

Makepe, rue des avocats

Première édition

ISBN : 9781688058637 (Broché)
Publié par :

LIVING BOOKS PUBLISHING

Makepe, rue des avocats
BP : 8758 Douala, Littoral, Cameroun
Tél : +237 675 476 259 | **Whatsapp** : +237 696 555 260
INFO@LIVINGBOOKS.COM | WWW.LIVINGBOOKS.ME

Catalogue : Business, Entrepreneuriat, Agrobusiness, Editeur, Auteur, Titre

9   8   7   6   5   4   3   2   1

A mon père,

de toi, j'ai appris que l'école ne finit jamais.
Tu as démarré sans gros diplômes, et à force
de te développer, tu es aujourd'hui à la tête de la
florissante entreprise que tu as toi-même fondée.

SOMMAIRE

« *Ne regrette rien, il faudra toujours continuer à apprendre et à te perfectionner, et ce n'est pas à l'école que tu pourras le faire. L'école donne des diplômes, mais c'est dans la vie qu'on se forme.* » — Amadou Hampâté Bâ, **Amkoullel l'enfant peul** (1991)

.

J'AI QUITTÉ LES ÉTATS-UNIS POUR REVENIR FAIRE DE L'AGRICULTURE EN AFRIQUE

Tout a commencé pendant le cours de Leadership qui nous était dispensé au PKFokam Institute of Excellence de Yaoundé par le promoteur lui-même, le milliardaire camerounais Dr Paul K. Fokam. Malgré son agenda serré, Dr Paul K. Fokam tenait — je ne sais pas s'il le fait toujours — à planter lui-même cette semence capitale dans l'esprit des étudiants. Pour lui, le leadership est une somme de compétences essentielles que l'on doit développer chez les jeunes africains. Et pour moi, c'était une chance inouïe de l'avoir en face comme enseignant.

A vrai dire, j'étais plus fasciné par l'homme et sa réussite en tant qu'homme d'affaires, que par le cours même. J'ai pu comprendre, à travers ses lectures, qu'il s'était juré de devenir leader dans tout ce qu'il entreprendrait, et il l'était vraiment devenu. Je me suis donc intéressé à lui et j'ai fait toutes sortes de recherches sur lui, ses affaires et sur ses livres. Je voulais à tout prix savoir comment il a fait pour devenir aussi riche.

J'ai lu tous les livres qu'il avait écrits ; ils étaient justement dans la bibliothèque de l'université. Les titres comme *"Et si l'Afrique se réveillait"*, *"Quelle Afrique à l'horizon 2050 ?"* et *"How Africans Worsened Their Misery"* — que je

11

recommande vivement à tous les jeunes africains — étaient carrément devenus mes livres de chevet.

La lecture de ces livres m'a fait comprendre que l'Afrique a un énorme potentiel, et que nous seuls, fils et filles de cette Afrique, pouvons véritablement travailler à rendre notre Continent prospère. Cette Afrique que les autres qualifient de « désespérée », mais en laquelle nous seuls, pouvons réellement croire.

La vision de notre université était de former aujourd'hui, les leaders de demain. Et moi, j'avais la ferme conviction que je serai plus utile en tant que leader-entrepreneur industriel, que leader-directeur ; ou simplement employé d'une entreprise, travaillant pour un patron. C'est cette envie de réussite qui m'a poussé à commencer mon aventure entrepreneuriale.

* * * * *

A l'époque déjà, j'avais lancé une marque de vêtement appelée « KASILO ». Je proposais des vêtements pour hommes de tendance Afritude. Un concept dérivé de deux mots : *Afrique* et *Attitude*, et qui fait la promotion de l'africanité dans la mode vestimentaire, dans l'alimentation et dans la culture en général. Je ne comprenais pas pourquoi il fallait toujours porter *Dolce & Gabbana*, *Gucci* ou encore *Louis Vuitton* pour avoir la class. Je voulais être l'Armani de l'Afrique.

Mon plan pour convaincre les gens d'acheter mes vêtements, était de miser sur une bonne couture et des tissus de qualité. Un choix de matière première que je faisais moi-même. J'avais décelé un couturier fort doué, mais méconnu du grand public, qui était disposé à travailler avec moi. C'est avec lui qu'on a lancé les premiers modèles que j'ai pu vendre avec une bonne marge. J'avais en effet sur mes lèvres, la fameuse phrase magique lue dans les livres : « *satisfait ou remboursé !* » Et les clients adoraient bien.

J'avais développé ma marque en faisant des défilés de mode, promotion dans les réseaux sociaux, partenariat avec les shoppings et le bouche à oreille. Et tout ceci, je le faisais en tant qu'étudiant. Je devais donc jongler entre les cours, les examens, et les rendez-vous d'affaires.

Peu de temps après, j'ai remarqué que les smartphones étaient de plus en plus utilisés, et que les batteries de ces téléphones ne duraient pas beaucoup. J'ai donc trouvé un réseau qui me fournissait les *Power Banks* (batterie de secours) que je revendais en appliquant ma marge bien sûr. J'achetais les *Power Banks* à 4.000 F et je les revendais à 7.000 F.

Les clients de la classe moyenne avaient, pour la plupart d'entre eux, des smartphones. Je faisais donc d'une pierre deux coups. En prospectant pour mes tenues Afritudes, je proposais aussi mes Power Banks, avec la fameuse phrase lue dans les livres: « *satisfait ou remboursé !* »

Le marché des Power Banks n'a pas duré longtemps, il a été très vite saturé ; comme pour tout ce qui est technologique. Ça va toujours très vite, et ce n'est pas facile de se maintenir. J'ai donc arrêté de vendre les Power Banks parce que les marges avaient considérablement diminuées.

Je ne sais pas pourquoi, mais plus je travaillais, plus accro je devenais. J'ai même dit à mon père un jour que je devais arrêter mes études. Je lui disais que si on fréquente pour avoir de l'argent, et qu'on a déjà cet argent en fréquentant, pourquoi continuer avec l'école ? Apres un long moment de causerie, il a réussi à me convaincre de finir au moins avec mon Bachelor (licence). Ce que j'ai fait et que je ne regrette aucunement aujourd'hui.

A continuant mes lectures, j'ai appris que l'agriculture en Afrique avait un énorme potentiel, surtout en ce qui concerne la production des céréales. La possibilité était envisageable. J'ai donc décidé de me lancer dans l'agriculture. J'ai vu mon père pour lui parler du projet, et lui ai demandé de m'aider à trouver un espace cultivable extensible où je pourrai faire de l'agriculture. Avec ses contacts, il a pu m'aider à trouver l'espace où je suis implanté actuellement.

Au départ, j'ai commencé avec trois hectares, et je n'y allais que les weekends avec les membres de ma famille. C'était non seulement un moment d'activité physique, de travail familial et d'effort, mais surtout, une plateforme d'apprentissage de l'entreprenariat agricole. Quand nous avions besoin de renfort — je parle de nous parce que je n'aurais jamais pu commencer sans le soutien de ma famille — on recrutait à la tâche pour les travaux plus pénibles.

Un an seulement, après avoir entamé ce projet, il a fallu que j'aille aux Etats-Unis pour continuer mes études. Je suis donc allé à New-York, finir avec mon Bachelor en Administration des Affaires. Finalement, mon père avait totalement raison sur les études !

Arrivé aux Etats-Unis, mon amour pour la lecture a fait que je passais tout mon temps à la bibliothèque. Et aussi, j'ai découvert une des plus grandes merveilles de notre siècle : AMAZON. J'ai commencé à acheter les livres sur ce site presque tous les jours.

Etant déjà conscient des opportunités que j'ai laissé avant de voyager, je n'étais plus aux Etats-Unis comme un étudiant banal. J'étais aussi là en tant qu'espion économique et industriel. Mon téléphone était devenu une caméra pour prendre les photos de tout ce que je pensais pouvait m'être utile une fois au pays. J'avais toujours cette ferme conviction que seuls les africains pouvons, devons et allons développer notre Continent.

Tous les expatriés qui investissent en Afrique ne viennent pas pour développer l'Afrique. Ils sont là pour se faire de l'argent, et après, rentrer chez eux. Observez ! Vous verrez qu'ils n'ouvrent jamais leurs comptes bancaires, ni ceux de leurs entreprises dans une banque nationale. Comme ça, ils peuvent rapatrier tous leurs bénéfices à l'insu des autorités et au détriment de la loi. Si je ne rentrais pas participer au développement de l'Afrique, qui le ferait donc à ma place ? J'ai aussi une part de responsabilité sur l'Etat actuel du Continent. Nous en avons tous, à différents niveaux.

En plus, aux Etats-Unis, je savais bien que je n'étais pas chez moi. J'y étais de corps, mais tout ce qui me concernait, était resté au Cameroun. En bon Africain, je ne représente pas seulement mes parents ; mais aussi mon village, mon pays, mon Continent, et tous ces vaillants héros qui se sont sacrifiés pour la cause de l'Afrique. Il ne fallait pas que des héros comme Thomas Sankara, Patrice Lumumba, Kwame

Nkrumah, Um Nyobe, Ernest Ouandié, Félix Roland Moumié et les autres se soient sacrifiés en vain.

J'ai aussi décidé de rentrer parce que j'ai très vite compris le fonctionnent du système américain. Je savais que plus je restais, plus mes chances de ne plus rentrer au pays s'accroissaient. J'ai rencontré des africains qui me disaient des choses comme : « *Je veux bien rentrer, mais avec mes enfants, je suis obligé d'attendre qu'ils aillent à l'université avant de pouvoir rentrer au pays* ». Ou encore : « *J'ai pris la maison à crédit, et je vais finir de rembourser dans dix ans. Il faut que je finisse d'abord de payer cette dette avant d'envisager mon retour* ». C'est ce piège d'endettement que je voulais éviter. Voilà en gros, pourquoi j'ai décidé de rentrer sitôt après la remise des diplômes.

INTRODUCTION

D'une manière globale, il y a deux façons d'apprendre de la vie. La première, est en faisant plusieurs essais pour apprendre de ses erreurs, et la deuxième est d'apprendre des erreurs des autres. Et même si vous apprenez par instruction, celui qui a fixé les leçons sera toujours quelqu'un qui a appris, soit de ses erreurs, soit des erreurs des autres.

Vous pouvez choisir entre mettre votre main au feu pour savoir que le feu brule ou apprendre des conseils des autres. Vous pouvez aussi décider d'avoir une vie de débauche et choper une MST pour comprendre les conseils des parents, ou simplement regarder autour de vous et apprendre de ceux et celles qui ont fait cette erreur. Vous pouvez aussi choisir de vous lancer dans un secteur d'activité et apprendre par des essais et échecs répétés, ou alors apprendre de ceux qui ont déjà réussi dans ce domaine.

A un moment de ma vie, j'ai voulu me lancer dans le transport, et mettre des taxis dehors. Je suis donc allé prendre conseil chez mon voisin qui avait plus de vingt-cinq ans d'expérience dans le domaine. Il m'a déconseillé de le faire par de bonnes raisons. Cela m'a épargné bien des déceptions d'avoir écouté ses conseils. Le nombre d'africains qui pratiquent l'agriculture est en baisse. Selon l'Organisation Mondiale du Travail: en 1991 au Burkina Faso, 89% de la population pratiquait l'agriculture. En 2018, ils n'étaient plus que 28%. Au Cameroun, de 69%, on est passé à 62%. En Côte d'ivoire, de 52% on est passé à 47%. En Ethiopie, on est passé de 90% à 67%. Au Ghana, de 56% à 40% de la population.

D'ici 2050, la proportion de la population africaine pratiquant l'agriculture passera de 48,8% à moins de 20%. Mais les rendements seront de plus en plus élevés, parce que les progrès de la recherche et l'évolution de la mécanisation et des procédés de la transformation seront très avancés sur le Continent noir. Cela favorisera aussi la naissance de multinationales qui feront plusieurs milliardaires en Afrique.

Le vingt-six février deux mille treize, Oxfam International a publié une étude qui dévoilait les dix géants qui contrôlent la production et la distribution agroalimentaire du monde. On y trouve : Nestlé, Unilever, Coca-Cola, PepsiCo, Mars, Danone, Mondelez International, General Mills, Kellogg et Associated British Foods (ABF).[1] Quel que soit l'endroit du monde où vous vous trouvez, vous consommez tous les jours, au moins un produit de l'un de ces groupes ou des entreprises qu'ils possèdent.

Ce livre est pour ceux qui veulent faire partir de ces 10% d'agriculteurs qui vont plus tard contrôler les 90% de la production agricole en Afrique. Ceux qui veulent faire l'agriculture intergénérationnelle. C.-à-d., mettre sur pieds des entreprises agroalimentaires que leur progéniture pourra pérenniser dans le temps. Si vous êtes de ceux dont le rêve est juste d'avoir quelques dizaines d'hectares, ce livre ne vous aidera qu'en partie. L'histoire ne nous permet plus de ne vivre que pour l'instant présent, mais d'intégrer les générations futures dans la planification de la vie et du développement durable.

Le besoin alimentaire de l'Afrique ne peut plus être satisfait par le seul effort des micro-agriculteurs. Quand les chinois et les autres étrangers viennent acheter et louer des terres chez nous, ils ne recherchent jamais quelques dizaines d'hectares, mais des milliers, voire des dizaines de milliers d'hectares. Nous ne pouvons pas faire concurrence avec eux, sur notre propre sol, en continuant de nous limiter à l'agriculture de subsistance.

En 1955, il y avait 6,3 millions d'agriculteurs en France. En 2019, à l'occasion du salon international de l'agriculture qui s'est tenu à Paris, la Mutualité Sociale Agricole (MSU) a établi qu'il n'y en avait plus que 448.500. Ils ont baissé de 27% à moins de 3,5% de la population active. Selon la MSU, les nouveaux venus n'arrivent pas à combler le déficit causé par les départs. Le phénomène est d'autant plus inquiétant que 50% de ces agriculteurs ont plus de 50 ans aujourd'hui, et prendront bientôt leur retraite. Plusieurs, en effet, prennent une retraite anticipée, tandis qu'on observe une chute des vocations chez les jeunes.[2]

Selon le rapport des perspectives de la population mondiale, paru 2017, un habitant sur quatre de la planète terre sera africain en 2050. La population mondiale devrait atteindre 9,8 milliards d'habitants en 2050 et 11,2 milliards en 2100. On prévoit que la moitié de la croissance de la population mondiale sera concentrée dans neuf pays, classés en fonction de leur contribution à la croissance démographique mondiale : l'Inde, le Nigéria, la RDC, le Pakistan, l'Ethiopie, la Tanzanie, les USA, l'Ouganda & l'Indonésie.[3] On sera donc environ 2,5 milliards d'Africains à l'horizon 2050 et plus de 3,7 milliards en 2100. Notre besoin le plus basique et indispensable sera alors celui de toujours : **la nourriture**.

Autant de chiffres qui dévoilent l'urgence de susciter des vocations dans l'agriculture et l'agro-industrie. Les africains prennent de plus en plus conscience de l'importance de s'investir dans l'agriculture. C'est en effet, une affaire rentable à court, moyen et long terme. Les gens sont de plus en plus disposés à mettre les fonds dans l'agriculture. Ce livre est pour tous ceux et celles qui veulent devenir des agriculteurs. Ceux qui veulent s'inscrire dans cette chaîne de valeur. Ceux qui aspirent vraiment à faire de l'agriculture leur business principal. Ceux qui veulent être parmi les fournisseurs de l'alimentation de demain. Vous pouvez vous déterminer à devenir l'un des leaders de ce domaine.

Quand j'étais petit, mes parents nous disaient toujours qu'il faut travailler dur à l'école pour ne pas finir agriculteur, parce que le métier d'agriculteur était réservé à ceux qui avaient échoué à l'école. Aujourd'hui, le contexte a changé. 70% de la population dans les pays d'Afrique subsaharienne sont sous la barre des 30 ans.[4]

« La population agricole en Afrique est de 530 millions et les projections donnent 580 millions en 2020. La population qui vit de l'agriculture représente 48% de la population totale (jusqu'à 70% en Afrique de l'Est). Spécificité de l'Afrique par rapport au reste du monde ces 30 dernières années : l'agriculture a absorbé une large part de l'augmentation de population active. La moitié des nouveaux

actifs africains se sont tournés vers l'agriculture alors que ce n'était le cas que de 30 % des nouveaux actifs en Asie. Dans le monde développé, le nombre d'agriculteurs diminuait. »[5]

Ce rapport du NEPAD nous montre que seule une minorité de personnes âgées travaillent pour nourrir une majorité de jeunes, qui malheureusement, sont confrontés au chômage accru et à l'exode rural sans cesse croissant. Il est désormais impératif pour nous, citoyens et Etats africains, de prendre l'agriculture au sérieux, si nous avons le désir de connaître l'autosuffisance alimentaire sur le Continent. La manière de faire l'agriculture ici comptera énormément.

En Europe par contre, la population agricole de l'UE baisse doucement depuis 2008, passant de 4,7% à 3,9% en 2017. La diminution se confirme dans 24 pays.[6] Malgré le faible taux de la population agricole, ils réussissent, non seulement, à nourrir l'Europe, mais aussi à exporter leurs productions.

Plus de 55% de la population africaine pratique l'agriculture, et nous n'arrivons pas à produire suffisamment pour nous même. Il est donc urgent d'intéresser les jeunes à devenir massivement des agriculteurs, et surtout des agro-industriels.

Vous verrez donc dans ce livre, les mensonges et les vérités dans la pratique du business de l'agriculture, et comment vous pouvez passer de micro-agriculteur à agriculteur industriel, puis à industriel de l'agroalimentaire.

En prenant des actions justes, vous pouvez aussi avoir des exploitations en centaines, voire en milliers d'hectares.

Vous pouvez avoir des fermes avec des centaines de milliers de poulets, de porcs, de bœufs, etc.

J'aimerais que dans quelques années, vous puissiez me contactez et me dire à quel niveau vous en êtes dans votre voyage d'agriculteur ou d'agroindustriel, et combien vous avez réussi en appliquant les principes que vous allez apprendre dans ce livre.

C'est pour vous aider à raccourcir votre parcours dans le business de l'agriculture que j'ai écrit ce livre. Pour vous aider à minimiser vos erreurs, et agir en personne sage qui apprendra de mes erreurs et des erreurs des autres personnes qui ont investi dans l'agriculture, et ont, pour certains échoué, pour d'autres, réussi.

Ce livre ne vous parlera pas des techniques de culture, des fiches techniques et des autres techniques enseignées dans nos écoles d'agronomie. Ce sera le but d'un prochain ouvrage. Il ne vous parlera pas non plus de 'comment monter un business plan agricole'. Ce livre vous montrera plutôt comment '*commencer et gérer un business de l'agriculture*', '*comment devenir riche en investissant dans l'agriculture ou l'agro-industrie*'... Autant de leçons capitales qu'on n'a pas insérées dans les programmes de formation en agronomie, mais qui sont essentielles pour se lancer.

« *Mon peuple périt faute de connaissance...* » nous dit la Bible dans le livre du prophète **Osée**, au chapitre **4** et au verset **6**. Ce n'est donc pas ce que nous connaissons qui nous tue, mais ce que nous ne connaissons pas. Ce sont ces petit clés/secrets méconnus du business qui sont les causes des échecs de plusieurs.

Presque tous ceux qui me rencontrent, et qui veulent se lancer dans l'agriculture, me demandent comment j'ai fait pour obtenir un crédit bancaire de soixante-cinq millions de franc CFA. Au dernier chapitre, je vous dirai comment obtenir un financement pour votre projet d'agriculture ou pour votre agro-industrie.

Je vous souhaite donc une excellente lecture et R.A.S. (*Rendez-vous Au Sommet*) !

---

[1] **Source** : Rapport rédigé par Beth Hoffman (Oxfam GB), Oxfam International, ISBN : 9781780772585, Oxford, UK, février 2013

[2] **Source** : AFP & MSA, cités par Le Figaro, *Dossier sur le salon de l'agriculture 2019, Les sept chiffres à connaître sur l'agriculture française*. Consultable sur: http://www.lefigaro.fr/conjoncture/2019/02/22/20002-20190222ARTFIG00005-les-sept-chiffres-a-connaitre-sur-l-agriculture-francaise.php

[3] **Source** : Perspectives de la population mondiale : Révision 2017, Département des affaires économiques et sociales de l'ONU (DESA). Consultable sur: http://www.un.org/development/desa/fr/news/population/world-population-prospects-2017.html

[4] **Source** : The World Youngest Populations, Euromonitor International, 2012

[5] **Source** : Les Agricultures Africaines : Transformations et Perspectives, NEPAD, novembre 2013, p.43

[6] **Source** : Eurostat (2019)

Tableau représentant les dix géants qui contrôlent l'agroalimentaire au monde. **Source** : Joki Gautier pour Oxfam (2012)

24

CLÉ 1
NE FAITES PAS DE L'AGRICULTURE À TEMPS PARTIEL

« Quand ils se donnent à moitié, donnez de votre TOUT. »
— **Loïc Kamwa**

Plusieurs qui veulent entreprendre dans l'agriculture, ne le font pas pour plusieurs raisons. Certaines personnes ont si peur d'entreprendre que leur peur d'échouer est plus grande que leur désir de réussite. En fait, la majorité d'entre elles n'ont pas seulement peur d'entreprendre dans l'agriculture, mais dans tous les autres domaines. D'autres encore, médusés par la médiatisation de succès non vérifiés, veulent se lancer sans pour autant être prêt à se donner pour vraiment réussir.

Si vous êtes employé dans une entreprise et travaillez de 8h à 18h, cela vous laisse peu de temps pour lancer et gérer d'autres activités, au risque de nuire à votre emploi actuel. Avec la tonne de propagande sur les *success stories* de ceux qui ont investi dans l'agriculture et qui se sont démarqués — des agriculteurs qui sont pour la plupart fictifs, avec leurs vidéos bien montées qui laissent croire que tout est facile — c'est la convoitise tous azimuts qui embrase les esprits et les excite à se lancer coûte que vaille.

La grande médiatisation sur le brillant avenir de l'agriculture en Afrique amène beaucoup à se décider à devenir « agriculteur » à temps partiel en achetant quelques hectares ou en construisant une petite ferme pour y faire de l'élevage. Cela peut marcher si et seulement si c'est fait dans but d'en faire une activité qu'on peut suivre à plein temps dans un futur proche. Le problème et le piège dans ce modèle est que ce genre d'agripreneur est souvent très pressé, et pensent que l'argent de l'agriculture se gagne très rapidement. Ils veulent tout de suite devenir riches comme le gars de la vidéo.

Des amis de la diaspora m'appellent souvent et me tiennent ce discours : « *J'aimerais investir dans l'agriculture au pays, mais je veux d'abord commencer par un petit projet, en venant tous les trois mois contrôler l'évolution surplace. Et, quand ça va commencer à donner (à être profitable), je vais rentrer définitivement m'installer au pays.* »

Ma réponse est toujours la même : « *Ne faites pas cette erreur, s'il vous plaît.* » C'est le contraire que vous devez faire. C'est à ses débuts qu'une entreprise a le plus besoin de vous au quotidien. Ceci ne concerne pas seulement le domaine de l'agriculture, mais de tout business que vous voulez lancer. Il est indispensable, pour la survie de votre entreprise, que vous soyez présent au moment où elle a le plus besoin de vous. Etudiez bien le parcours de toutes les grandes entreprises que vous connaissez, et vous verrez que leurs fondateurs ont dû passer des nuits blanches à travailler pendant plusieurs années, avant de voir leur entreprise réussir. Un bon nombre de managers adjoints n'arrivent pas à développer parce qu'ils perdent un temps fou à essayer de convaincre leur patron de réajuster les prévisions et réadapter le business model.

Les médias ne disent malheureusement pas que derrière un *success story*, il y a des centaines de « *failure stories* » que la star à l'honneur a connu. On vous dit rarement combien ils ont perdu dans leurs débuts, et combien d'échecs ils ont connu. Et même si certains sont très riches pour minimiser les pertes encourues, cela ne demeure pas moins vrai qu'ils ont investi à perte un certain montant d'argent. Ceux qui sont moins nantis, auraient pu tirer des leçons pour éviter de faire des ratés tragiques qui leur ont tout coûté.

Se lancer dans l'agriculture, dans l'espoir d'avoir des gains rapides, parce qu'on a regardé des vidéos sur YouTube et/ou des documentaires à la télé, vous mènera droit dans un mur. C'est ce qu'on appelle « *le syndrome du media* ». Le syndrome du media est l'ensemble des décisions prises et des attitudes adoptées, à la suite d'informations reçues à travers les médias, y compris les médias sociaux, sans aucune censure qualitative.[7]

En général, l'excès d'écoute des *success stories* que les medias présentent ne résume que brièvement et glorieusement la vie de quelqu'un en 15-30 minutes, sans vous donner la véritable clé de sa réussite. Avec tout le tapage sur l'entrepreneu-riat, plusieurs ont déchanté parce qu'ils s'étaient lancés pour imiter Facebook, Apple, Amazon, ou encore Coq ivoire (*le géant ivoirien spécialisé dans la volaille et les produits dérivés*). Cessez de penser qu'il suffit de se lever un matin, de créer une application, de changer d'habitude ou de culture, de se lancer… pour devenir riche. Sélah !

Il ne suffit pas d'être riche et nanti, d'être un homme ou une femme d'affaires à succès, d'être un haut cadre ou d'avoir des entrées et de bonnes relations, pour réussir en entrepreneuriat et dans l'agriculture en particulier.

J'aime bien écouter Jack Ma, fondateur d'Alibaba, qui conseille toujours de ne pas seulement lire les *success stories* des autres, mais de s'intéresser aussi aux histoires d'échecs ; parce qu'on apprend plus des échecs qu'on ne le fait avec des réussites. L'un de mes livres préférés est *The Self Made Billionaire Effect*,[8] de John Sviokla & Mitch Cohen, qui étudie la vie des milliardaires de première génération, et parle de ce qu'ils ont tous en commun. Ce livre dit que « *la médiatisation des entreprises Tech, par les succès stories des Tech Entrepreneurs, a fait penser que plusieurs de ces milliardaires l'ont été tôt dans leurs vies.* » Bien qu'il soit vrai que Gates, Zuckergerg et d'autres soient devenus milliardaires jeunes et avec leur première entreprise, plus de 70% des milliardaires (*en dollars*) au monde ne l'ont pas été avant l'âge de 40 ans. Donc la réussite prend du temps, et parfois le temps d'une vie pour bâtir quelque chose de grandiose et de durable.

Voici le profil des agriculteurs à temps partiel : ils choisissent généralement des cultures qui ne nécessitent pas trop de travaux d'entretien (*le plantain, le cacao, le palmier à huile...*) Ils recrutent quelqu'un à temps partiel, ou à temps plein, qui travaillera et surveillera le champ en leur absence. Ils y viendront donc chaque samedi, s'ils le peuvent, pour visiter le champ, jouer au Boss le temps de leur présence, et prendre des photos pour les réseaux sociaux (*il faut bien montrer qu'ils sont sur la voie de la richesse*). Les problèmes commenceront donc tôt, s'ils tombent sur des employés malhonnêtes. Ceux-ci voleront à volonté le matériel de travail, les intrants, le temps et l'énergie qu'ils ont promis de consacrer au projet, et produiront toutes sortes de faux rapports. Ils ne feront visiter au patron que les parties du champ qui sont propres et bien entretenues. Et comme aucun Boss n'a le temps de visiter, point par point, trente mille mètres carrés de culture, ils réussiront à bluffer le naïf qui en repartira dans l'euphorie d'une réussite fictive.

* * * * *

Quand je me suis lancé dans l'agriculture, j'avais recruté un ingénieur agronome que j'ai finalement renvoyé pour vol et abus de confiance. J'achetais les semences, les engrais, les herbicides, les insecticides et d'autres intrants agricoles pour mon champ, et le bon monsieur se servait carrément dans mon dos.

Au Cameroun et dans plusieurs autres pays, certains employés ou associés se sont condamnés à ne jamais aller loin. Ils ont en commun cette coutume malhonnête de vouloir doubler leur patron ou leurs autres associés dans l'affaire, en leur livrant une concurrence déloyale. Quand ils ne distraient pas les clients au profit de l'activité concurrente qu'ils ont développé à votre insu, ils vous voleront du matériel, des consommables, des fournitures, et ruineront même vos relations avec le bailleur, le banquier, les fournisseurs et les partenaires, au profit d'un concurrent contre une promesse de commissions.

C'est ce qu'avait fait cet ingénieur : il avait acquis, à mon insu, un espace non loin de mon champ et volait mes intrants pour son propre champ. Quand j'ai découvert la supercherie, je l'ai renvoyé sur le champ sans aucun égard.

Dans mon cas, cela s'est passé alors que j'allais constamment au champ, au moins trois fois par semaine. Imaginez un peu ce qui me serait arrivé, si je ne me rendais au champ que le samedi, ou si je ne visitais mon champ que par téléphone ou par whatsapp !?!

La deuxième vague de problème arrive après que vous ayez bravé le parcours de la semence à la récolte: le moment de vendre. Bien sûr, comment vendre ? Personne n'a pensé à vous le dire, et pourtant, la récolte est déjà là, et les débouchés prédits ne sont pas toujours au rendez-vous. Si vous n'avez pas le cœur, comme on dit au Cameroun, vous pouvez avoir un AVC une fois arrivé au marché. Les prix vont parfois très bas, au point où vous croirez qu'on est en train de vous duper, si vous n'êtes pas présent pour vérifier vous-même.

Un lundi matin, je suis allé faire des achats au marché du 8ème arrondissement de Yaoundé. J'ai trouvé, à ma grande surprise, que le cageot de tomate qui coûte d'habitude 11.000 F, coûtait 1.500 F. Imaginez un seul instant que j'avais juste envoyé quelqu'un à ma place ! Essayez de vous mettre du côté de l'acheteur, et de celui de l'agriculteur-vendeur de la tomate qu'il a cultivé sur trois ou cinq hectares. Evaluez maintenant les gains ou les pertes réalisées de part et d'autres. Vous comprenez donc pourquoi, dans le contexte africain, vous ne pouvez pas véritablement suivre l'évolution de votre investissement, agricole ou non, en restant au bureau ou par téléphone depuis l'étranger.

En Afrique subsaharienne, on n'a pas toujours les moyens de connaître les prix pratiqués par saison et selon le marché. Il n'y a presque pas d'institution qui collecte fidèlement les données et fait des analyses pertinentes, ni de régulation effective. La rationalisation de l'offre et la demande se fait généralement de gré à gré entre producteurs/(re)vendeurs et acheteurs. Il faut donc s'impliquer soi-même dans la prospection, dans la collecte des données dans le domaine, dans la veille concurrentielle et dans les marchés, pour prendre de bonnes décisions.

Dernièrement, j'ai reçu quelqu'un qui m'a dit qu'il vendait sa production de deux hectares de manioc. Il ne voulait pas vendre aux revendeuses, les *bayam sellam*[9] comme on les appelle chez nous au Cameroun. Il recherchait exclusivement les grossistes qui font la ligne du Gabon et de la Guinée Equatoriale. Il voulait que je lui donne le numéro d'un transporteur-vendeur qui viendrait prendre sa récolte au champ. La vie de Boss quoi ! Un système où tout se passe au téléphone, sans se salir les mains. Honnêtement, si j'avais accès à un tel réseau, je l'aurai branché. Mais la filière n'est pas aussi organisée comme les coaches vous disent dans les vidéos. Ce sont les *Bayam Sellam* qui maîtrisent les meilleurs tuyaux pour écouler les produits agricoles. Soit vous apprenez d'elles, soit vous travaillez avec elles pour être efficace.

Je l'ai donc naturellement renvoyé s'entendre avec les *Bayam Sellam* dans les marchés. Et par la même occasion, je lui ai suggéré de prospecter auprès de ces fameux propriétaires de camions, pour savoir une bonne fois pour toutes : Qui fait quoi ? Qui transporte quoi et pour où ?

Dans mes débuts et jusqu'à il n'y a pas longtemps, j'allais moi-même chercher les camions pour transporter mon maïs de Bafia pour Bafoussam. Pour trouver un camion disponible, il fallait aller tôt le matin, avant 5 heures, avant qu'ils aient déjà tous été pris pour la journée. Une fois le camion choisi, je devais payer une avance au chauffeur et on se fixait rendez-vous dans mon champ.

En arrivant un soir dans mon champ, ils étaient trois à la cabine. Nous avons fini de charger les sacs de maïs dans le camion à plus de 22 heures. Je faisais donc face à trois problèmes : **Primo**, ce chauffeur, avec qui je travaillais pour la première fois, ne savait pas que je ne laisse jamais ma récolte voyager aussi loin seule. Il aurait bien pu s'enfuir avec le fruit de mon dur labeur. On n'a pas d'assurance chez nous qui couvre ce risque-là. **Secundo**, le camion devait voyager toute la nuit, et il me fallait être à Bafoussam le lendemain matin pour décharger et vendre ma récolte. **Tertio**, il n'y avait plus de place dans la cabine. La seule place qui me restait, était à l'arrière du camion, entre les sacs de maïs. Ce camion était la seule solution pour évacuer ma récolte ce soir-là; je n'avais donc pas d'autre choix. De plus, les deux chargeurs que j'avais recrutés, m'accompagnaient pour assurer aussi le déchargement du camion.

C'est donc entre les sacs de maïs que j'ai voyagé cette nuit-là, sous un froid rude, sans position fixe, avec à la peur d'être englouti par ma récolte. Autant d'angoisse qui ne me donnait pas plus de 10 minutes de sommeil tout au long du voyage. La paire de draps que je transportais toujours avec moi, au cas où, ne me fut pas d'une grande aide. Il aurait fallu au moins une couverture pour me consoler... Quoiqu'il en soit, je suis finalement arrivé à Bafoussam le lendemain, et j'ai vendu mon maïs.

* * * * *

Il faut être présent, au quotidien si nécessaire, pour surveiller vos cultures ; car personne ne peux mieux prendre soin de votre entreprise que vous-même. Pas même pas votre mère !

Ceux qui font de l'élevage, subissent des vols en permanence. Non seulement de bétail/volaille, mais aussi de l'aliment destiné à la nutrition de leurs animaux. Tout cela est à mettre au compte de l'absence ou de la rareté d'un suivi adéquat, et principalement, de l'indisponibilité du promoteur.

Je me fais coacher en élevage par une maman qui a réussi dans l'élevage des poulets de chair. Chez elle, pour remédier au vol de la volaille, elle a installé un congélateur dans la ferme. Ainsi, tout cadavre, peu importe son stade de croissance, est mis dans le congélateur. Et, c'est à elle seule que revient d'examiner la cause réelle du décès du poulet et de décider du sort du cadavre.

Une autre catégorie qui tombe dans le piège de vouloir faire de l'agriculture à grande échelle à temps partiel, c'est les ministres, les députés, les généraux, les sénateurs et les hauts dignitaires. De par leur position, certains ont accès à des espaces stratégiques, à des fonds ou financements des programmes de l'Etat et/ou des bailleurs de fond, et même aux équipements et intrants agricoles, initialement dédiés aux véritables agriculteurs... Au lieu d'être une courroie de transmission de tous les efforts destinés à booster la filière à l'échelon national, ils s'improvisent agriculteurs, éleveurs et encore agroindustriels.

En leur propre nom ou par un prête-nom, ils se retrouvent à la tête de grandes exploitations dont la santé est faite de mystères. Aux yeux de l'opinion nationale, et peut-être internationale, ils sont considérés comme agriculteurs, mais ne le sont pas en réalité, même s'ils possèdent des exploitations de plus de 300 hectares. Avez-vous seulement consulté leurs chiffres et les autres données de leurs récoltes ? Vous verrez, comme j'ai aussi eu l'occasion de le constater, que l'investissement fait, est en complète inadéquation avec le niveau d'agriculture/élevage développé dans ces parcelles. Ils n'ont généralement aucun plan pour mener une agriculture pérenne et rentable.

J'en ai vu qui, pour un champ de moins de cinquante hectares, ont trois tracteurs et plein d'accessoires stockés. Chez un autre, une moissonneuse-batteuse toute neuve était garée dans le champ sans même que la culture pour laquelle elle a été conçue ne soit cultivée. Quel gâchis ! Ces hauts fonctionnaires ont plusieurs autres investissements du même ordre, allant des parcs conçus par des architectes de renom, des étangs, des chambres de séjour, des terrains de loisirs, etc. dans leurs exploitations sans que cela ne serve réellement à rentabiliser l'investissement fait.

A voir cela, j'ai compris que rien n'a été pensé à la base. Ils n'étaient motivés par aucune vision. La plupart du temps, ils ne regardent pas du tout à la rentabilité du projet, et c'est normal : l'argent ne provient pas toujours de leur épargne. Ils n'ont pas non plus la pression de rembourser le moindre crédit. Ils ne souffrent pas de tenir une comptabilité rigoureuse de leurs exploitations. Les notions de point mort, de ratios de rentabilité et de solvabilité ne les intéressent pas. Le drame, avec ce type d'exploitation, arrive quand le propriétaire du champ perd son poste à la faveur d'un remaniement, d'un changement de régime, de son départ en retraite ou de son décès. C'est à ce moment que tout le monde réalise que cette agriculture de luxe n'a jamais fait de bénéfices. Les travailleurs véreux voleront alors ce qu'ils peuvent, les autres, n'ayant plus de motivation financière, auront très tôt fait de se faire embaucher ailleurs, comme tout bon employé. Tout était précaire depuis le début : le projet, la motivation, l'origine des fonds, la loyauté du personnel, la gestion du champ... et même, les rapports qu'on envoyait au propriétaire étaient faux.

C'est ce qui explique en partie, et c'est le cas de plusieurs pays en Afrique, le fait qu'on trouve de larges plantations abandonnées, avec des machines qui pourrissent dans les buissons pour devenir les repères d'animaux sauvages. Les plus chanceux voient leurs enfants, qui n'ont jamais mis pied au champ, vendre, à des prix dérisoires, les autres équipements qui peuvent encore être vendus et utiliser l'argent à d'autres fins.

Dans tous les livres que j'ai lu et dans mes recherches, je n'ai jamais vu quelqu'un arrivé au sommet avec une entreprise, en la gérant à temps partiel. Dans le livre *Comment Devenir Milliardaire*, Martin Fridson[10] dit ceci : « *Vous n'atteindrez même pas le million de dollars si vous n'êtes pas super focalisé et engagé sur votre projet.* » Soyez prêts à travailler au moins 20 heures par jour et même les dimanches. Quel que soit le domaine dans lequel vous voulez investir, n'oubliez jamais que la réussite ne se vend pas en solde. Il faut payer le prix fort pour l'obtenir, aucun raccourci n'est permis. C'est étape après étape. Des occasions incalculables vont se présenter à vous, mais vous devrez choisir entre faire fortune et être aux cérémonies familiales ; entre récréation et travail ardu ; entre sommeil et efforts continus ; entre loisirs et poursuite de vos objectifs. Ce sont les choix que vous ferez à ces moments qui vont déterminer si vous réussirez ou non.

J'ai rencontré un formidable couple de myciculteurs (culture du champignon), un des meilleurs exemples de la consécration à temps plein à son activité agricole. Ils ont eu leurs premiers contacts avec le champignon en 2006. A l'époque, ils vivaient dans la Région de l'Ouest du Cameroun, et ne savaient pas que le champignon comestible se cultivait. Quand ils se sont renseignés, on les a dirigés vers le centre de formation d'Obala, qui était responsable du projet national de la myciculture. S'étant rendus sur place, ils se sont formés en myciculture et en multiplication de semences. Après, ils ont démarré leur champignonnière.

En deux mille douze, à cause des contraintes professionnelles, ils ont déménagé pour Yaoundé. A leur arrivée, ils ont rencontré les autres myciculteurs de la ville. La ville de Yaoundé étant plus chaude que Bafoussam[11], ils ont travaillé à créer des conditions favorables pour la myciculture. Ils ont continué de produire du champignon comestible, et en deux mille dix-sept, ils ont décidé de lancer des formations en myciculture. Ils ont commencé à vulgariser cette culture quand ils ont découvert les vertus de cette plante, à la fois légume et viande, qui est riche en sels minéraux, hydrates de carbones, lécithine, protéines, et en vitamines.

M. David Fodjo passe ses journées dans ses champignonnières. Avec le temps et de l'engagement, il est devenu l'un des meilleurs experts en myciculture d'Afrique. Il voyage dans plusieurs pays africains pour partager son savoir dans ce domaine. Rien de ce qu'il est aujourd'hui ne serait arrivé, s'il avait fait la myciculture à temps partiel. Aujourd'hui, son combat est de faire en sorte que dans chaque plat en famille, il ait du champignon tous les jours. Cet aliment complet comble de loin, le déficit en aliment de qualité constaté dans nos ménages. À nos jours, M. Fodjo produit des champignons comestibles, mais il les transforme aussi en thé, en savon, en jus revitalisants, en huiles de champignon, en glycérine et en lait de toilette, tous à base de champignon.

Je répète encore : si vous voulez devenir des pionniers dans l'agriculture ou l'agroalimentaire, ce livre est pour vous. Si vous voulez faire partie des 10% d'agriculteurs qui produiront 90% des produits agricoles pour l'Afrique d'aujourd'hui et de demain. Quel que soit votre type d'agriculture ou d'élevage, ayez pour objectif de devenir le leader de votre domaine. Si vous cultivez des ananas, il faut que lorsqu'on parle d'ananas en Afrique, on parle de vous. Si vous élevez des porcs, devenez ou aspirez à devenir l'Homme Continental de l'élevage des porcs.

« *Si vous n'êtes pas premier, vous êtes dernier.* »[12] Dans le monde du numérique, tout se passe en base binaire (0, 1). Si vous n'êtes pas « un » vous êtes « zéro ». Pour comprendre ce que je vous dis, essayer de répondre à cette question : Quel est l'homme le plus riche d'Afrique ? Vous voyez, ça vient vite ! Dites-moi maintenant : Quel est le deuxième homme le plus riche d'Afrique ? Oups ! Pas facile, n'est-ce pas ? Vous ne savez peut-être même pas. Moi non plus. Le plus terrible, c'est que c'est pareil partout. Parce qu'à la vérité, nous ne sommes pas programmés pour viser autre chose que la position de premier, celle du leader. Chacun de nous peut et doit devenir premier ou leader en quelque chose. Tout le monde sait que Bill Gates est l'homme le plus riche du monde, mais qui connait le deuxième ?!? On s'en fout presque.

Tout ce que vous faites dans la vie, faites-le avec excellence de manière à être le premier dans votre domaine. C'est avec cet esprit que je me suis investi dans l'agriculture et c'est avec le même engagement que vous devez vous investir dans l'agriculture et dans tout autre domaine si vous voulez réussir.

« Quoique vous fassiez dans la vie, faites-le bien. Un homme devrait accomplir sa tâche si bien que ni les vivants ni les morts, ni ceux qui ne sont pas encore nés, ne puissent le faire mieux que lui. Si la destinée a voulu que vous soyez balayeurs de rues, alors balayez comme Michel Ange peignait ses tableaux, comme Shakespeare écrivait sa poésie, comme Beethoven composait sa musique. Balayez les rue si bien que même longtemps après vous, les hôtes du ciel et de la terre devront s'arrêter pour dire : "ici a vécu un grand balayeur des rues, qui faisait bien son boulot." » — **Martin Luther King** (1929-1968)

---

7 Pour comprendre davantage le syndrome du media, je vous conseille de lire *The Media Syndrom*, du Professeur David L. Altheide, édité par Routledge à New York, en 2016, 246 p., ISBN: 9781629581477.

8 John Sviokla & Mitch Cohen, *The Self Made Billionaire Effect : How Extreme Producers Create Massive Value*, Penguin Books, 2014, 256 p., ISBN: 9780241246993

9 L'appellation « *Bayam Sellam* » vient de la prononciation en pidgin de l'expression anglais *"buy-and-sell"* (acheter et vendre). On l'utilise pour désigner les revendeuses des denrées alimentaires au Cameroun. Ces

femmes actives vont s'approvisionner en produits agricoles dans les coins reculés, et viennent les revendre directement aux clients ou aux autres revendeuses installées dans les marchés de ville.

[10] Martin Fridson, *How to be a Billionaire: Proven Strategies from the Titans of wealth*, John Wiley & Sons Ltd., New York, 2000, 320p., ISBN: 9780471332022.

[11] Yaoundé, chef-lieu de la région du Centre et capitale politique du Cameroun, est située à 750m d'altitude, avec 82% d'humidité et 25°C de température ambiante. Bafoussam, chef-lieu de la région de l'Ouest, est située à 1310m d'altitude, avec 87% d'humidité et 21°C de température ambiante.

[12] Une devise de Grant Cardone, Expert international en marketing & Auteur du livre *"If You're not the First, You're Last: Sales Strategies to Dominate Your Market and Beat Your Competition"*, John Wiley & Sons Ltd., NY, 2010, 272p., ISBN: 9780470624357.

CLÉ 2
NE PAS CONFIER LA GESTION DE SON CHAMP À UN MEMBRE DE FAMILLE OU À UN AMI

« Ce n'est pas à toute oreille percée qu'on met un anneau d'or. » — **Proverbe africain**

L'un des grands besoins des entreprises est la ressource humaine. Trouver la bonne personne pour le bon poste, est l'une des tâches les plus difficiles. Toute entreprise, petite ou grande, a un besoin crucial de personnes compétentes, motivées et idéales pour occuper des fonctions spécifiques. Et sur ce point, nos systèmes éducatifs ne nous aident pas beaucoup ; car le fossé entre les filières de formation et le besoin des entreprises reste encore très grand.

Bien au-delà du besoin dont je viens de parler, figure le besoin criard, pour nos entreprises, de promoteurs sérieux et visionnaires. Des gens qui se dévouent et travaillent à plein temps, à développer leur activité et bâtir des équipes gagnantes autour d'eux. Plusieurs se contentent de quelques marchés, veulent gagner rapidement de l'argent, acquérir des biens (*voitures, maisons, plusieurs femmes, objets de luxe...*) pour ensuite jouer les grands, au préjudice de leurs employés

41

qu'ils ont du mal à payer, et laissent l'entreprise se mourir. Ils finissent souvent par tout revendre et mourir endettés. Vous ne verrez aucune entreprise prospère être dirigée par procuration, ni aucun entrepreneur qui soit parvenu au succès en pilotant son entreprise à distance. Il vous faut être présent.

Confier son entreprise à un membre de famille signifie essayer de transférer sa réalité et ses rêves à une autre personne. C'est lui confier la responsabilité de les réaliser en votre nom et pour vous. Seulement, il arrive que vous pouvez avoir un frère jumeau et ne pas partager les mêmes passions et les mêmes rêves. Vous partagez le même sang, mais pas forcément la même personnalité, ni le même métier. Vous pouvez même être dans des secteurs différents. L'un peut être enseignant et l'autre médecin.

1. Votre réalité n'est pas forcément la réalité des autres. Votre parcours et vos expériences ne sont pas identiques à ceux des autres. Vos aspirations et votre vision de l'avenir ne le seront pas non plus. Si vous prenez deux ou trois entrepreneurs à succès de votre pays, vous verrez que leur réussite est le résultat d'un long parcours, et d'une histoire d'amour, pas toujours facile, entre le créateur d'entreprise qu'ils sont, et l'activité de cette entreprise.

Comme pour les autres entreprises, personne ne connaît mieux votre produit ou service comme vous-même. Votre produit ou service, votre entreprise et votre marque n'ont pas juste besoin d'un représentant commercial, mais d'un **avocat.** Quelqu'un qui saura développer, soutenir, défendre, chercher un meilleur positionnement, négocier et tout faire pour réduire les risques et les pertes. En tant que promoteur et propriétaire de l'entreprise, votre façon de travailler est généralement différente de celle des employés dont la motivation dépend souvent du salaire. Un ami ou un parent peut faire certaines choses pour votre projet, parce qu'il veut vous voir réussir et/ou vous réaliser, mais sa motivation ne durera pas longtemps ; à moins qu'il ne soit au chômage ou qu'il n'ait pas le choix. Les difficultés finiront par le décourager.

Si faire de l'agriculture est votre projet, « *manger l'argent* » (*comme on dit au Cameroun*) et jouir du prestige de votre réussite est souvent ce qui caractérise la plupart de nos proches. Dans la pensée africaine, on pense que puisqu'on a trop souffert, on doit se réjouir de la réussite d'un des autres. Notre frère étant en haut, c'est toute la famille, les amis y compris, et parfois aussi le village qui veulent être en haut sans grimper. Répondre aux questions ci-après, peut vous donner des pistes pour considérer une délégation de la gestion de votre entreprise agricole à un ami ou à un membre de famille :

a) **Est-il/elle qualifié pour le poste ?** C'est être naïf et, à la limite, irresponsable de confier un projet à rentabiliser à une personne qui n'a pas les qualifications requises pour le gérer et le déployer. Au-delà du diplôme et de la relation qui vous lie, rassurez-vous qu'il/elle est à la hauteur et ne présumez pas simplement. Rappelez-vous que sur les deux mille ingénieurs et techniciens agronomes que la faculté d'agronomie et des sciences agricoles (FASA) de Dschang a déjà formé, il n'y en a pas dix pour-cent qui font une agriculture de référence. La responsabilité des aînés (*ou de ceux qui réussissent le mieux*) envers les petits frères (ou des autres membres de la famille) est une chose formidable en Afrique et dans d'autres parties du monde. Sans cette solidarité familiale, plusieurs n'auraient pas eu l'opportunité de faire des études ou de travailler. Cela dit, inexpérimentée, simplement parce qu'on a confiance en elle, parce qu'elle ne s'enfuira pas avec notre argent, alors que nous savons que cette dernière. Gérer une exploitation agricole, implique plus qu'un diplôme de technicien ou d'ingénieur agronome. La preuve, c'est que tous ceux qui sortent de ces fameuses structures de formation, viennent grossir les chiffres du chômage alors qu'ils devraient être les champions du secteur.

b) **L'avez-vous choisi pour de bonnes raisons ?** Un homme s'est retrouvé dans un problème grave, après avoir recruté son neveu, à la demande de son épouse, pour gérer un segment de son projet. Le neveu en question lui a causé de sérieuses tensions avec le personnel, les sous-traitants, la banque et, plus tard, avec son épouse. Il a dû le renvoyer et le mettre en prison pour sauver ce qui pouvait encore être sauvé. Tout ceci aurait pu être évité s'il avait fait un recrutement objectif et non basé sur des sentiments. Au nom de l'amour, il a failli tout perdre, y compris son foyer. Il faut savoir faire la part des choses. Donnez des tuyaux, des conseils et des contacts à vos proches ; et de temps en temps de l'argent, si vous voulez, mais ne commettez pas l'erreur de les recruter à des tâches professionnelles pour des raisons personnelles, émotionnelles ou sentimentales.

c) **Est-il/elle fiable et loyal ?** Avoir bien géré la céré-monie de mariage ou des funérailles, ne garantit pas qu'il/elle soit fidèle et loyal face à un business lucra-tif. Comment réagira-t-il en voyant l'affaire décoller, en voyant les partenaires, devant le matériel de tra-vail ou encore en face des comptes fournis ? L'envie d'une richesse facile est tellement grande dans notre contexte, qu'il/elle sera fort tenté de miser les fonds dédiés au projet, dans des pseudo-opportunités, pensant les rembourser après avoir fait le gros coup. Le problème, c'est que le gros coup n'arrive jamais. Toutefois, si l'idée vous vient de recruter parmi vos amis et membres de famille, testez-les d'abord pen-dant une période de probation, comme vous l'auriez fait avec tout autre personnel et vous verrez s'ils mé-ritent votre confiance.

d) **Serez-vous capable de les licencier ?** Les membres de famille et les amis sont des attaches très solides. En tant que promoteur d'une entreprise agricole, vous devrez évaluer, apprécier et trancher sur plu-sieurs choses, y compris les états de service de votre personnel. Serez-vous capable de confronter votre père/mère, votre frère/sœur, votre meilleur ami/petite amie sur des fautes de gestion ? Le lien de parenté et l'affinité peuvent être des cautions ris-quées dans les affaires. C'est votre rôle de les recru-ter, mais par malheur, vous pourrez aussi avoir la chance de les licencier ou de les laisser faire face à leurs engagements devant la justice. Vous risquez d'apprendre que pour être un homme ou une femme d'affaires à succès, vos émotions et vos sentiments doivent s'arrimer avec la raison. Pourrez-vous les poursuivre en justice pour sauver l'entreprise et les autres employés ? Serez-vous juste dans votre jugement si l'autre employé qui n'a pas de lien de parenté avec vous a raison et est innocent ? Etes-vous le genre de patron qui livre l'innocent pour préserver les membres de famille qui sont pourtant coupables ? Des questions difficiles n'est-ce pas ? Il faut pourtant prévoir ces cas avant qu'ils n'arrivent.

2. **Vous voulez investir pour réussir et gagner, pas pour échouer et perdre.** Personne ne s'est jamais intéressé à démarrer un projet pour gaspiller son argent, surtout si cet argent provient d'un dur labeur. Au contraire, nous investissons pour fructifier le peu que nous avons, parce que nous savons que ce n'est qu'à ce prix que nous aurons assez pour tous, et aussi souvent que la rentabilité sera bonne. Nos familles sont presque toutes, propriétaires d'une pièce de terre cultivable dans nos villages, où elles peuvent continuer de cultiver et de faire de l'élevage pour se nourrir. Les projets d'une certaine envergure (*cinq, dix, vingt et plus d'hectares*), ne sont plus destinés à la seule alimentation de la famille. Les produits de ces projets sont destinés au marché ou à la transformation, avant d'atterrir au marché.

L'ennui, quand votre projet agricole est entre les mains de la famille ou des amis, est que ceux-ci le voient comme un moyen que vous avez mis en place pour aider la famille ou les amis, et non comme une entreprise. Vos proches ont alors tendance à se relâcher et c'est toutes vos relations, proches et lointaines, qui attendent que vous leur offrez des fruits, des rejets et mêmes des intrants gratuitement. Après tout, vous en avez pour dix ou vingt hectares, pourquoi jouer les durs pour si peu ?

Aucun membre de famille (*et même les amis*) ne pense acheter de votre ferme ou de votre champ. Ils vous critiqueront de trop aimer l'argent, parce que vous voulez qu'ils paient avant de prendre pour consommer. En plus, ils ne sauront pas toujours traiter avec la clientèle, avec les fournisseurs, les associés et les partenaires financiers. Pour eux, leur frère/sœur est le Big Boss, si quelqu'un les énerve, « *il n'a qu'à caler en l'air* », comme on dit au Cameroun pour signifier qu'on s'en fout. Vérifiez donc s'ils sont capables de comprendre votre expérience entrepreneuriale.

3. **Votre croissance future** dépend des commentaires des clients. Vous pouvez commencer avec ce que vous pensez être un excellent produit, mais pour le garder en vie, vous devrez continuer à le ré-outiller, l'améliorer et le réinventer. Si vous transmettez votre produit à un tiers, vous passez à côté d'une source d'information précieuse. Les clients constituent la meilleure équipe de développement de produits à laquelle vous pouvez faire appel: ils vous expliqueront comment ils utilisent votre produit, comment ils utilisent les produits d'autres sociétés, et même, le type de produits qu'ils souhaitent acheter mais qu'ils ne peuvent pas trouver. Si vous autorisez une tierce partie à faire de la sensibilisation, cette tierce partie peut filtrer un commentaire ici et là, mais la plupart des astuces et des demandes de l'utilisateur final seront perdues. En restant en contact direct avec vos clients, vous pouvez suivre votre client et garder votre entreprise à la pointe de la technologie.

4. Si les choses tournent mal, vous voulez être le premier (*et non le dernier*) à le savoir. Votre entreprise est aussi forte que son maillon le plus faible. Les plaintes des clients doivent être traitées rapidement, car elles sont des indicateurs précieux de la santé de votre entreprise. En mettant une tierce partie entre vous et vos clients, vous vous fiez à la tierce partie pour enregistrer les problèmes avec précision, vous augmentez le temps nécessaire pour vous informer des problèmes et, au bout du compte, vous retardez la résolution de ces problèmes. Dans l'intervalle, l'insatisfaction des clients augmente et le risque de perte d'activité augmente. Si vous maintenez une équipe interne sur les lignes de front et que vous la formez à bien écouter les problèmes des clients, vous pouvez toujours réagir rapidement, garantissant ainsi la satisfaction de vos clients et la part de marché de votre entreprise.

5. Le service est la sauce secrète. Votre entreprise peut avoir d'excellents produits, mais sans un excellent service pour les accompagner, la longévité de votre entreprise est limitée. Renoncez au contrôle des services de votre entreprise est un moyen rapide de frustrer vos clients, car un entrepreneur externe n'a jamais le pouvoir de servir votre clientèle de la manière que vous le feriez. Une tierce partie travaille sur des paramètres et des manuels de procédures et rend la politique client plus importante que le service client. Garder votre équipe de service en interne, vous assure que vous avez la possibilité de répondre aux besoins des clients avec bon sens et, ce qui est le plus important, vous offre la possibilité d'être proactif quant à la façon dont vous rendez service à vos clients.

Confier votre entreprise à des tiers peut sembler un moyen rapide d'atteindre le sommet, mais en réalité, il s'agit d'une danse dangereuse avec un désastre.

Dans son livre *"Je crée mon entreprise"*, [13] Benjamin Kisso parle de la compatibilité entre le promoteur et l'activité. Quel que soit le projet que vous voulez lancer, vérifiez si votre personnalité est compatible avec l'activité que vous voulez lancer. Si vous voulez faire de l'agriculture, assurez-vous que vous êtes compatibles avec l'agriculture. Vous pouvez le faire en passant un test de personnalité, ou un test sur les différentes formes d'intelligences. Tout le monde ne peut pas être agriculteur ou encore entrepreneur. On a tous besoin l'un de l'autre pour que la société soit complète. Je fais l'agriculture pour nourrir les gens, l'enseignant instruit, les policiers mettent l'ordre, les informaticiens nous améliore le numérique, les artistes nous divertissent. Nous sommes tous les membres d'un corps et personne n'est plus important que l'autre.

Beaucoup de gens me demandent pourquoi je me suis investi dans l'agriculture et je pense que vous aussi voulez bien le savoir. Quand je suis entré à l'université de l'excellence PKFokam, j'avais le travail garanti et bien rémunéré à la fin de mes études. Etant issu d'une famille d'entrepreneurs, j'étais habitué à cet environnement de liberté. J'aime être libre, j'aime prendre les risques et j'aime travailler décontracté. Les grandes entreprises ont un code vestimentaire plutôt strict (*vestes, cravates, tenues sur mesures*) ; or moi, je suis plutôt décontracté dans mes tenues. D'ailleurs, je ne me souviens pas de la dernière fois où j'ai mis un costume. J'aime bien sortir en Jean, chemises /polo/tricot ou chemisette Afritudes avec des chaussures simples ou des tennis. J'avais donc le choix entre me lancer dans l'industrie ou faire de l'agriculture. J'ai choisi de faire l'agriculture pour pouvoir transformer plus tard ce que je produis. J'aime aussi la nature, les champs, les voyages, les rencontres et les découvertes, et mon travail me permet de le faire. Je ne pense pas être plus heureux que je ne le suis dans mon métier d'agriculteur/agripreneur.

Enfin, j'ai décidé de faire l'agriculture, parce que ça paie. Ah oui, je dois vous le dire. Et puis, soyons francs, qui va à l'école de foot seulement parce qu'il est passionné ? En réalité, on y va et on bosse dur, beaucoup plus parce qu'on est au courant du salaire d'un footballeur professionnel. Moi aussi, j'ai fait mes études et j'ai remarqué que le business de la terre est rentable. La passion est là, je ressens beaucoup de joie et je suis très épanoui en faisant ce que je fais. Il n'y a qu'à voir mon large sourire... Il faut donc développer les passions rentables. Pas les vices, bien sûr ! Je suis aussi passionné par les arts martiaux, mais quand je vois ceux qui le pratiquent au top dans mon entourage, je ne peux pas en faire une carrière. En vérité, pour moi, ce ne serait pas rentable. J'aimerais plutôt être ceinture noire dans les affaires, avec plusieurs dans, là je serais vraiment très riche.

Alors, si vous êtes plus du genre à être toujours propre et sapé dans votre habillement, vous aimez les grandes villes et n'aimez pas vous salir les mains, l'agriculture n'est pas pour vous. Si vous avez un travail qui vous occupe assez et ne vous laisse le temps que le weekend, oubliez l'agriculture. Faites juste un jardin potager ou un petit champ pour vous et votre famille. Shoichiro Toyoda, ancien président de Toyota a dit « *Un ingénieur qui n'a pas besoin de se laver les mains au moins trois fois par jour est un échec* ». Moi je dis

« *un agriculteur qui n'a pas besoin de se laver les mains au moins trois fois par jour est un échec* ». Si vous êtes en Europe, en Amérique, en ville et vous pensez faire de l'agriculture au téléphone ou sur internet, oubliez l'agriculture. Plusieurs de nos frères de la diaspora veulent investir dans l'agriculture, ils aiment confier leurs projets agricoles à un ami ou un membre de famille. Ce rituel se révèle toujours être une ERREUR FATALE.

Quand vous voulez ouvrir une entreprise de consultant, confiez-vous cela à votre ami ? Quand vous avez un projet d'ouvrir votre institution de microfinance, confiez-vous cela à votre mère? Quand vous avez un projet minier, confiez-vous cela à votre frère ? J'ai participé à des dizaines de conférences et rencontré des entrepreneurs, je n'ai pas vu un seul qui ai entreprit dans le cinéma, la mode, l'hôtellerie, la consultation, la cosmétique confier son entreprise à sa mère ou à un membre de famille. Je n'ai jamais vu un artiste ni un compositeur confier son projet à un autre.

Quand vous voulez ouvrir votre supermarché, confiez-vous cela à votre famille ? NON. Alors pourquoi vous confiez votre projet d'agriculture à votre mère, frère ou ami ? Ne confiez pas votre rêve et votre projet de vie à quelqu'un d'autre ; pas même à votre épouse/époux. Ces personnes peuvent avoir de bonnes pensées, être même de bons mentors, excellents conseillers en bien-être et en amour ; mais les affaires sont les affaires. Une bonne mère n'est pas forcément une bonne comptable, et un bon père ne fera pas naturellement un DG efficace.

C'est à vous le rêve, levez-vous et agissez ! C'est vous qui savez où vous allez et quoi faire. Votre mère a beaucoup souffert et c'est normal que son fils (*sa fille*) s'occupe d'elle dans sa vieillesse. De temps en temps, elle va ira prier pour vous à l'église et distribuera quelques billets, pris dans la caisse de l'entreprise, à ses consœurs de galère qui n'ont pas encore été exaucées comme elle, vous lui demandez donc de rendre quels comptes ? Elle est habituée à un rendement de deux tonnes à l'hectare, pour elle, c'est satisfaisant. Elle ne sait même pas qu'on peut cultiver autrement le manioc, ni que la culture du manioc peut rendre riche. Pour elle, on cultive pour manger et on vend aussi une certaine quantité pour acheter le pétrole, l'huile, les médicaments... Jamais elle n'a entendu dire qu'on exporte des produits à base de manioc, si ce n'est quand elle envoie à Papi les bâtons de manioc à Marseille.

Je vous en conjure, ne mettez plus, sur les frêles épaules de votre mère, de votre père, de votre frère, de votre sœur, et de vos amis, le fardeau compliqué de gérer votre exploitation agricole. Si vous étiez un recruteur et qu'ils ne sont pas qualifiés, NE LES ENGAGEZ PAS ! Ce serait détruire inutilement votre socle familial ou une amitié de longue date. Je vous conseille de vous lancer dans l'agriculture quand vous serez rentrés et installés au pays.

Si vous voulez vraiment devenir agripreneur à votre retour au pays, ou dans quelques années pour ceux qui sont au pays et qui attendent le bon moment, je vous conseille d'anticiper en achetant des terres et ensuite, de les sécuriser. Vous pouvez consacrer un mois chaque année pour l'achat et les procédures de sécurisation de votre terrain. Ce sera déjà un bon début, parce que plus le temps passe, plus les terres sont rares et plus les prix élevés. Achetez donc maintenant, laissez la famille faire des petits champs dessus, ensuite, vous lancerez votre agriculture ou votre élevage une fois que vous serez disponible à 100%.

Il faut aussi savoir que les gens de bonne foi sont très rares. Les personnes intègres et honnêtes ne courent pas les rues. Celui ou celle à qui vous confiez votre projet peut en abuser. C'est un risque à courir, vous devez en être conscient. J'ai entendu trop d'histoires de gens vivant à l'étranger ou dans une autre ville, qui ont confié leur projet de construction de maison, d'agriculture ou d'élevage à une connaissance. A leur arrivée, il n'y avait rien : pas de maison, aucune réalisation, aucun projet, aucun investissement, aucun fruit, encore moins l'argent envoyé. Plusieurs décident alors de ne plus jamais investir au pays, disant que le pays est mauvais et les gens malhonnêtes. Ils veulent oublier que même en occident où ils vivent, les gens sont malhonnêtes. C'est juste que le système en place a des mesures qui dissuadent les voleurs au maximum. Le pire de tout, c'est que si vous traînez le frère ou la sœur qui vous a volé en justice, vous serez mal vu de toute la famille.

En Afrique, c'est un sacrilège d'enfermer son frère ou son oncle quand bien même celui-ci vous a arnaqué. Si vous mettez un membre de la famille en prison, cela fait de vous la personne méchante et sans cœur. On en vient même à oublier que c'est lui qui a abusé de votre confiance.

Après que Josiane Kouagheu de la chaine Agribusiness TV ait fait un reportage sur mon projet de création d'une chaîne de valeur autour de la culture de maïs, j'ai reçu beaucoup de messages de partout le monde. C'étaient des conversations ce type :

— Bonjour Loïc, je suis en Chine, aux Etats-Unis, en Belgique, en France etc. et je suis intéressé par l'agriculture. J'aimerais faire de l'agriculture au pays, pouvez-vous me donner un conseil ?

Et moi je répondais :

— Bonjour, je suis ravi d'entendre que vous vous intéressez à l'agriculture, quand comptez-vous vous installer au pays ?

— Oh, peut-être dans deux ans. Euh... je ne sais pas encore.

Pour ceux qui ne me donnaient pas une réponse satisfaisante, je leur demandais de me recontacter une fois qu'ils/elles seront revenus s'installer dans leur pays. Ceci, pour éviter des entretiens stériles où j'aurais passé mon temps à répondre aux questions de quelqu'un qui n'est pas agriculteur et qui ne le sera peut-être pas.

Après avoir obtenu son diplôme à l'université, Vozbeth Kofi Azumah ne voulait pas dévoiler ce qu'il comptait faire pour gagner sa vie à quelqu'un, pas même à sa mère. Car comme dans beaucoup de pays africains, faire de l'agriculture est encore synonyme d'avoir raté sa vie. Si Kofi avait confié son projet a sa mère ou à une tierce personne, il ne serait pas arrivé à réussir son projet agricole.

Ailleurs, les agriculteurs sont considérés avec respect et la culture de la terre est vue comme un commerce honorable. Mais dans une partie du monde où l'essentiel de l'agriculture est encore de subsistance — s'appuie encore sur des machettes, des houes et un espoir pour l'agriculture pluviale — l'agriculture est synonyme de pauvreté, de misère.

Mais Kofi fait partie du nombre croissant de jeunes africains diplômés de l'enseignement supérieur, qui luttent contre la stigmatisation en cherchant à professionnaliser l'agriculture. Ils appliquent des approches scientifiques et des applications de traitement de données, non seulement pour augmenter les rendements, mais aussi pour montrer que l'agriculture peut être rentable.

C'est un défi de taille. Les réseaux de distribution sous-développés, le mauvais état des routes et les réserves d'eau irrégulières constituent des obstacles difficiles, même pour les agriculteurs les plus compétents. En plus, un bon nombre de ces agriculteurs potentiels ont peu de formation ou d'expérience.

Cependant, ces entrepreneurs agricoles espèrent à la fois gagner de l'argent et s'attaquer au problème confus d'un Continent qui détient environ 65% des terres non cultivées les plus arables au monde, mais importe plus de 35 milliards de dollars de nourriture par an, selon un rapport de la Banque Africaine de Développement.[14]

Comme dans une grande partie du Continent, les agriculteurs ghanéens vieillissent, alors même que les jeunes affluent dans les villes, à la recherche d'emplois alors que le chômage des jeunes monte en flèche.

Certains jeunes agriculteurs ont laissé derrière eux des emplois bien rémunérés et parfois le confort qu'ils avaient en Europe ou en Amérique pour accomplir cette dure mission qui est de nourrir l'Afrique d'aujourd'hui et de demain,

parce qu'un peuple qui a faim n'a pas de dignité. Ce sont généralement des gens qui ont les moyens de louer ou d'acheter de grandes étendues de terre et qui subissent des pertes.
Mais leur travail est le sentiment que ce qui est en jeu est
l'avenir économique de l'Afrique.

---

[13] Benjamin Kisso, *Je crée mon entreprise : les démarches du jeune promoteur*, 2000, 51 p.
[14] Par Akinwumi A. Adesina, président de la BAD. Lire l'article dans le
site web de la BAD : https://www.afdb.org/fr/news-and-events/the-fu-
ture-of-africa-depends-on-agriculture-17310

CLÉ 3
SPÉCIALISEZ-VOUS DANS UN SEUL TYPE DE CULTURE

« Celui qui poursuit deux lièvres n'en attrape aucun. »
— **Proverbe africain**

L e débat de la spécialisation dans les affaires est autant chaud et controversé que le débat sur le type de démocratie à appliquer en Afrique. Tout le monde parle de diversification et les points de vues sont légions, venant des auteurs, consultants et coaches en business, qui disent qu'il vaut mieux avoir dix revenus issus de dix investissements différents. Selon eux, il est plus facile d'atteindre un revenu de 10 millions de francs en investissant dans dix affaires, que d'atteindre ce même revenu en investissant dans une seule affaire. Ils disent qu'il ne faut pas mettre ses œufs dans un même panier.

D'un autre côté, il y a ceux qui disent que ces experts racontent des conneries et qu'il faut mettre tous ces œufs dans un même panier. C'est pareil en agriculture, certains pensent que faire une culture ou un seul type de culture est risqué, et qu'il faut semer plus d'une culture, pour minimiser les risques et augmenter les revenus. En même temps, d'autres pensent qu'il faut se concentrer sur un type de culture et y aller à fond. Qui donc est juste parmi ces deux groupes ? Pour répondre, définissons d'abord les termes spécialisation et diversification. D'après le monde des affaires, diversifier peut avoir plusieurs sens selon le secteur d'activité :

En **banque**, diversifier c'est répartir les actifs d'une banque (*prêts*) sur un assortiment plus large d'emprunteurs de qualité, afin de maintenir ou d'améliorer les niveaux de revenu, tout en conservant le même niveau d'exposition.

La **diversification économique** est une stratégie de développement mise en œuvre par des entreprises qui souhaitent prendre position sur de nouveaux marchés pour à la fois développer leur chiffre d'affaires, mais aussi, pour diminuer le risque de volatilité de leurs résultats associés à des activités concentrées. La diversification économique est souvent difficile à réussir, dans la mesure où elle implique de gérer de nouveaux produits, de nouveaux clients et des marchés différents.[15]

En **Stratégie d'entreprise**, la diversification est la pratique en vertu de laquelle une entreprise entre dans une industrie ou un marché différent de son cœur de métier. Les raisons de la diversification comprennent : (1) réduire le risque de ne compter que sur une ou quelques sources de revenu ; (2) éviter les fluctuations cycliques ou saisonnières en produisant des biens ou services avec des cycles de demande différents ; (3) atteindre un taux de croissance plus élevé ; (4) contrer un concurrent en envahissant l'industrie ou le marché de base du concurrent.

Contrairement à l'intégration verticale, la diversification n'augmente pas le marché ou le pouvoir monopolistique d'une entreprise. Aussi appelé **diversification du marché**.

En **investissement**, diversifier signifie répartir les fonds disponibles sur une sélection plus large (portefeuille) de types d'investissement, tels que les matières premières, l'immobilier, les titres, etc.

En **agriculture**, une exploitation agricole diversifiée est une entreprise ayant plus d'une opération. Cela peut inclure l'élevage et une rotation culturale diversifiée.

Pour ce qui est de la spécialisation, selon le dictionnaire des affaires, c'est un accord au sein d'une communauté, d'un groupe ou d'une organisation selon lequel les membres les plus aptes (*en raison de leurs aptitudes naturelles, de leur localisation, de leur compétence ou d'une autre qualification*) à une activité ou à une tâche particulière assument une plus grande responsabilité de son exécution.

Andrew Carnegie, surnommé en son temps "*l'homme le plus riche du monde*," donne lui aussi son avis sur le sujet. Je rappelle qu'il reste l'un des hommes les plus riches de toute l'histoire des Etats-Unis. En 1901, il a vendu son entreprise à J. P. Morgan pour une somme de 480 millions de dollars, ce qui équivaut aujourd'hui à 390 milliards de dollars.[16]

« *Les entreprises qui échouent sont celles qui ont dispersé leur capital, ce qui signifie qu'elles ont aussi dispersé leur intelligence. Elles ont des investissements dans ceci ou cela, dans te autre domaine, ici, là et partout. On vous a dit : "Ne mettez pas tous vos œufs dans le même panier," c'est tout faux. Moi je vous dis de "mettre tous vos œufs dans le même panier, et de surveiller ensuite ce panier." Regardez autour de vous et tirez des leçons, les hommes qui font cela n'échouent pas souvent. Il est facile de porter et de surveiller un seul panier. C'est l'effort de porter trop de paniers qui cassent la plupart des œufs dans ce pays. Celui qui porte trois paniers doit en mettre un sur la tête, ce qui risque de le faire basculer et de le faire trébucher. L'erreur de l'homme d'affaires américain est de manquer de concentration.[17] »*

Selon Andrew Carnegie, il faut se concentrer sur un seul projet (*mettre ses œufs dans un même panier*) et le surveiller attentivement jusqu'au succès. Ce sont les paroles de l'un des hommes les plus riches de l'histoire des Etats-Unis. Warren Buffet, l'un des hommes les plus riches de notre temps, affirme qu'une large diversification est requise seulement lorsque les investisseurs ne savent pas ce qu'ils font. Pourquoi devrons-nous donc conclure en considérant les seuls avis des experts qui ne sont pas riches, au même titre que ces hommes à succès ? Ne nous sera-t-il pas plus bénéfique de réfléchir par deux fois, avant de jeter nos économies à la mer ?

Les gens qui réussissent dans la diversification, le font d'au moins trois manières :

1. Ils développent et affermissent un seul projet à la fois, puis développent des projets connexes, en rapport avec le projet principal. Ainsi, ils ont sept revenus de sept sources différentes.

2. Ils ont un emploi et font des extra en investissant dans le marché boursier, l'immobilier ou d'autres investissements passifs.

3. Ils ont leur entreprise avec des employés, des investisseurs et des clients, mais n'aimeraient pas que 50% des recettes de l'entreprise proviennent d'un seul client, d'un seul agent ou d'un seul partenaire. Si cette personne les quitte ou fait faillite, leurs gains chuteront de 50% du jour au lendemain. Alors pour empêcher cela, ils élargissent le risque en ayant plusieurs revenus de plusieurs clients différents.

N'écoutez donc pas tout le monde si vous êtes entrepreneur ; car beaucoup de personnes pensent connaitre, mais peu de gens savent réellement. Approchez-vous de ce peu qui ont les bonnes informations, et vous obtiendrez des conseils efficaces !

Au sujet de la diversification agricole

Si vous voulez faire dans l'agriculture ou si vous le faites déjà, concentrez-vous sur une seule culture (*pas un type de culture*) pendant au moins deux ans ; le temps pour vous de maitriser la culture, les fournisseurs des intrants ainsi que la clientèle et les différents marchés. Si vous cultivez seulement le maïs, restez dans le maïs. Si vous cultivez les oranges, restez dans les oranges. Si c'est l'ananas, restez dans cette culture. Si vous faites l'élevage des poulets, des porcs ou des pondeuses, restez dans cet élevage-là. Je vous assure, quel que soit la culture ou l'élevage que vous faites, il vous sera presque impossible de satisfaire la demande de vos clients après deux ou trois ans de travail consistant.

A Bafoussam, j'ai connu Herman, un producteur d'œufs de table, qui exerçait ce métier depuis plus de dix ans. A l'époque quand il commençait, c'était juste pour venir en aide à son père qui était dans ce domaine avec le peu de moyens qu'il avait. Ils ont commencé avec les coquelettes, encore appelés poulets bicyclette en Afrique de l'ouest, puis ils ont fait les poulets de chair pendant trois ans, et ensuite les pondeuses. Après son Baccalauréat G en comptabilité, Herman s'était inscrit en première année BTS à l'Institut Siantou de Yaoundé, mais a ensuite décidé de rentrer à Bafoussam s'impliquer à 100% dans l'activité familiale.

Quand ils ont lancé les pondeuses, il avait une bande de mille pondeuses et cinq ans plus tard, il faisait des bandes de dix mille pondeuses. Il me rappelle toujours que le succès n'aurait pas été possible, s'il ne s'était impliqué lui-même à 100%. Quand la grippe aviaire a frappé la Région de l'Ouest, il a perdu plus de trente millions de francs. Mais depuis, il a pu se remettre et envisage même de s'installer à Yaoundé. Il veille au grain, s'assurant lui-même du respect des normes sanitaires, car il est conscient de son investissement et des dégâts que les maladies peuvent causer.

Au début de mon expérience dans l'agriculture, j'ai aussi commis l'erreur de vouloir cultiver toutes sortes de choses. Je cultivais les pastèques, le piment, les plantains, les poireaux, le maïs et le gombo, et je n'étais effectif dans aucune de ces cultures. Ce n'est pas le fait de lancer plusieurs cultures qui fait de vous un brillant agriculteur. Tout comme le fait d'avoir plusieurs cartes de visites ne fait pas de vous un brillant entrepreneur. Au contraire, vous dispersez vos énergies et vos moyens. Avec la montée des *success stories* américaines et la vulgarisation du terme CEO, plusieurs jeunes n'hésitent pas à arborer ce titre sur leurs cartes de visite. Ils se présentent comme CEO d'une, de deux ou même de trois entreprises, sans qu'aucune ne soit viable. Et vous trouverez qu'à la fin, ils n'arrivent même pas à réaliser un chiffre d'affaires annuel cumulé de cinq millions de francs.

Lorsque vous aurez maitrisé la culture que vous faites, c'est-à-dire la culture en saison et contre saison, que vous aurez réglé les problèmes liés à la main d'œuvre, que vous aurez des clients stables et satisfaits, un marché sûr et un rendement élevé, alors vous pourrez commencer à diversifier. Je préfère un agriculteur qui a cinq hectares de maïs, sur lesquels il a un rendement de huit à dix tonnes à l'hectare, que celui qui a cinquante hectares, et qui ne maîtrise rien. Si vous n'êtes pas fidèle dans les petites choses, vous ne le serez pas non plus dans les grandes. Si vous n'êtes pas performant sur un petit espace ou avec une seule culture, vous ne le deviendrez pas non plus avec un plus grand espace ou en lançant plusieurs cultures. Si vous maîtrisez le coût de production sur un hectare, il vous sera plus facile de maîtriser la gestion de votre champ dans le cas d'une extension.

Si vous faites de l'élevage, faites tout pour maîtriser votre coût de production pour un poulet, un porc, un œuf, etc. Quand vous le saurez pour un animal, ce sera plus facile de le savoir pour mille bêtes. Certains ont près de dix hectares de banane plantain, mais après l'évaluation post-récolte, ils produisent moins de cinq cent régimes de plantain à l'hectare. Si pour une bande de 650 poussins vous avez 50 morts, vous ferez aussi possiblement 500 morts avec une bande de 6.500 poulets.

La diversification doit se faire de manière programmée, organisée, progressive et contrôlée. Vous ne pouvez pas quitter de la culture de la patate pour celle de la tomate, ni passer de la noix de cajou à la culture du manioc, du jour au lendemain. Si vous voulez **diversifier sagement**, voici mes quatre conseils :

1. **Restez dans les mêmes types de cultures**. Si vous cultivez de la tomate, restez dans les cultures maraichères telles que le gombo, le choux, la pastèque, le poivron, le piment, les condiments verts, les poireaux, etc. Si vous cultivez le maïs, vous pouvez diversifier en cultivant le soja, le haricot, le riz ou d'autres céréales. Ces cultures ont souvent le même temps et la même technique de culture et de conservation. La plupart du temps, les fournisseurs d'intrants et les clients sont aussi les mêmes. Vous n'aurez donc pas besoin d'aller loin pour des débouchés commerciaux.

Si vous êtes dans les cultures maraichères, une chambre froide sera suffisante pour la tomate, le concombre, les fruits et les autres légumes. Pour les céréales, la conservation et le séchage se fait généralement dans les silos. Donc, si vous avez récolté cent hectares de maïs, vous serez autant à l'aise avec une récolte de cent hectares de soja ou de haricot.

Il en est de même pour tout autre business, que vous soyez dans l'agroalimentaire, le textile ou l'immobilier. Si vous êtes couturière, il vous est facile de devenir décoratrice ou fabricante d'accessoires de décoration. Si vous êtes banquier, vous pouvez ouvrir une entreprise de leasing ou de financement avec prise de participation. Mais, quitter la banque pour l'agroalimentaire, ou l'agriculture pour la communication, nécessite une reconversion radicale.

Autre chose, semer des cultures associées comme clé d'un bon rendement, tel que préconisé par d'aucuns n'est techniquement possible que pour de petits espaces. Comment procéderiez-vous pour faire la récolte d'une culture qui est associée à une autre sur cent ou trois cent hectares ? La récolte seule représente un suicide financier. Sur le plan industriel ou de la culture à grande échelle, c'est impossible. C'est pour ça qu'aucune exploitation d'envergure ne pratique ce conseil d'amateur. Tous ceux qui sont leaders dans l'agriculture ont opté pour un système de culture pure.

A Bordeaux en France, j'ai visité un agriculteur qui cultive uniquement du maïs sur plus de 850 hectares. Si certains africains étaient à sa place, ils auraient produit 100 choses avec un tel espace.

2. **Recyclez vos résidus.** Utilisez les résidus de votre culture pour avoir un revenu supplémentaire au lieu de les jeter. Si vous avez une ferme de porc, de bovins ou de poulets, vous pouvez vendre les selles de vos animaux à ceux qui font les cultures maraîchères. La fiente de poule et la bouse des bovins sont de bons fertilisants naturels très recherchés par ceux qui font les cultures maraîchères. Ce compost est utilisé lors de la mise en place de leur pépinière et de l'engraissement de leurs cultures. Après plus de trois ans dans la culture du maïs, je me suis souvent retrouvé avec des tonnes de rafles qui occupaient l'espace et ne me servaient à rien. J'ai donc cherché et trouvé M. David Fodjo, qui est producteur et formateur en myciculture. La culture du champignon étant très simple et lucrative, j'ai décidé de lui

fournir mes rafles. Je peux aussi décider de me lancer dans la myciculture puisque j'ai déjà la matière première sur-place et en abondance.

Si les résidus de votre production sont la matière première pour un produit compliqué à fabriquer, au lieu de vous lancer pour des difficultés supplémentaires, vendez juste vos résidus à une entreprise qui a les moyens de le faire. L'idée ici est d'éviter de vous lancer dans une affaire où vous n'avez pas d'avantage compétitif. Dans les affaires, comme dans le sport, si on n'a pas d'avantage compétitif, on n'y va pas. L'avantage compétitif ici peut se situer à plusieurs niveaux : le coût de production (*si vous êtes fournisseur de la matière première, vous maîtrisez déjà une bonne partie du coût de production*), la formulation du produit, la qualité de votre équipe, l'expérience, etc.

Dernièrement, j'ai découvert sur Internet que les plumes de poulets, issues des abattoirs de volailles, servaient à la fabrication des oreillers et des couvertures. Alors si vous avez un abattoir de volaille avec une production conséquente de plumes, vous pouvez décider de vous lancer dans la fabrication d'oreillers et de couvertures à plumes.

Une autre meilleure manière de diversifier en recyclant ses résidus est de prendre des parts dans les entreprises à qui vous vendez ces résidus. Si vous produisez et que vos déchets sont la matière première indispensable pour une autre entreprise, au lieu de devenir son concurrent, vous pouvez juste lui proposer de vous céder des actions dans son entreprise contre cet apport en nature.

3. D'après Lavoisier « *Rien ne se perd, rien ne se crée, tout se transforme.* » C'est un principe de la thermodynamique qui se vérifie aussi dans l'agriculture et l'élevage. Sans l'élevage, l'agriculture est boiteuse et sans l'agriculture, l'élevage est aveugle. Vous pouvez encore vous diversifier en pratiquant l'élevage, si vous faites déjà de l'agriculture ; ou vous lancer dans l'agriculture, si vous faites déjà l'élevage. Les deux sont complémentaires.

Après avoir passé quatre années à produire le maïs, j'ai décidé de lancer l'élevage des poulets de chair. Déjà, quand je livrais le maïs aux fermiers et provendiers, la plupart me demandait si je faisais aussi l'élevage. Quand je répondais non, ils étaient surpris et me disaient en tant que spécialiste dans le domaine, je pouvais associer l'élevage à l'agriculture. Ils se proposaient même de m'apporter leurs soutien et conseils. L'autre raison qui a facilité mon insertion dans la production de volaille, est le fait que je produisais déjà le maïs. Et le maïs, c'est près de 60% (*en quantité*) de la nourriture des poulets. Avec les prix qui varient tellement sur le marché, je produis moi-même le maïs qui nourrit mes poulets et je vends les fientes qu'ils produisent à leur tour.

4. Dans l'interview au magazine Agribusiness TV, je donne le conseil à tous ceux qui veulent se lancer dans l'agrobusiness, de **choisir une culture ou l'élevage que vous pourrez plus tard transformer**. Si vous ne maitrisez pas toute la chaîne, du secteur primaire (*production*), secondaire (*transformation*) et le tertiaire (*distribution*), il y aura toujours un intermédiaire qui se fera plein de sous dans votre dos, en travaillant mois que vous. A ce jeu, il vaut mieux être transformateur ou distributeur, que d'être juste producteur. Parce que la production en elle-même ne crée

pas de valeur ajoutée. C'est pour cette raison que les plus riches du monde sont les industriels et les propriétaires de chaines de supermarchés, et non les producteurs. Les pays qui n'ont que les matières premières subissent même souvent le chantage des pays industrialisés.

L'idée est de vous amener à penser en termes de création de richesses ; de comprendre qu'il n'y a que l'industrialisation (*ou la transformation*) qui peut nous amener à créer ces richesses. Donc si vous produisez l'ananas, pensez à transformer votre production en jus d'ananas ou en ananas séché. Nos pays africains font face au problème de transformation des produits qui pour la plupart pourrissent et finissent à la poubelle.

Au Cameroun, nous avons les mangues, les oranges, la papaye, les mandarines, les goyaves, les tomates, la banane, le cassimango, etc. Pendant leur saison, les quantités produites sont toujours supérieures la demande, et l'abondance sur le marché cause la baisse des prix. Un seau de vingt litres de mangue, par exemple, coûte mille francs pendant la saison des mangues. Le surplus invendu de cette surproduction infecte et infeste alors dans nos poubelles. Ce qui est triste, c'est que le même scenario se répète chaque année, et personne ne semble trouver et implémenter de véritables solutions pour transformer et conserver ces fruits.

Tout cela m'amène à questionner ce qu'apprennent nos jeunes dans les filières de transformation et de conservation de nos facultés d'agronomie et d'ingénierie. Et même si la solution ne viendra pas uniquement d'eux, je pense qu'ils peuvent jouer un rôle capital dans la guerre économique qui oppose nos produits venus d'Afrique à ceux venus d'Europe, d'Amérique et d'Asie. Ceci, à cause des partenariats de libre échange que nos dirigeants signent, sans mesurer la portée réelle des enjeux de ces accords et de leur impact sur nos économies, alors encore fragiles.

La diversification intelligente peut donc se soucier d'apporter de la valeur ajoutée en transformant ce que vous produisez déjà. Transformez le manioc que vous cultivez ou que les autres cultivent, en tapioca, amidon, bâtons de manioc, *mitumba*, colle à bois, nouilles et même en éthanol. Transformez votre production de tomate en purée de tomate, pour nous éviter d'être dépendants des tomates importées dont le taux de matière végétale n'atteint jamais 20%, sans parler du conditionnement. Si vous produisez le maïs comme moi, vous pouvez le transformer en farine, amidon, semoule, biscuit, pain, couscous, bioéthanol et même en bière.

J'ai une grande admiration pour nos pères et grands-pères, ces hommes d'affaires africains qui se sont démarqués; étant partis de rien, ils ont atteint les sommets de la bourgeoisie, devenant petit à petit des experts du business. Certains d'entre écrivent juste "Gérant" ou "Commerçant" sur leur carte de visite, pour ceux qui en ont. Les titres et la gloire des positions ne les influencent pas. Quand vous parlez avec eux, ils évaluent la pertinence de votre contenu et non votre apparence. Vos voiture, montre Rolex, iPhone ou Samsung Galaxy XYZ ne les impressionnent pas. Ils font leur chiffre sans crier. La seule chose que je leur reproche, c'est d'avoir mystifier la voie de l'industrie, en nous faisant croire que pour créer une industrie, il fallait des hectares de terres, des investissements en milliards et des centaines, voire des milliers d'employés. On n'a pourtant pas besoin de tout ça pour démarrer son industrie.

Nous pouvons copier les chinois sur ce point. Chez eux, pas besoin de plus de trois mètres carrés pour avoir une micro-usine capable d'exporter vers l'Afrique ou vers l'Europe. Un grand nombre parmi ces aînés, s'est malheureusement aussi limité au stade de commerçants, champions pour inonder nos marchés de la pacotille importée d'ailleurs, exportant ainsi nos devises vers Dubaï, Guangzhou, Shenzhen, Bruxelles, Marseille, la Thaïlande ou encore le Liban, et appauvrissant ainsi notre tissu industriel qui était déjà faible et menacé.

Transformer ce que vous produisez ou ce que produisent les autres, vous permet, non seulement de créer de la valeur ajoutée, mais aussi de sécuriser votre production, à cause de sa durée de vie post-récolte limitée dans le temps. Emprunter la voie de la diversification à un stade précoce mène à l'échec pour plusieurs raisons.

1. **Le manque d'harmonisation des prix des produits agricoles**. Si je prends l'exemple du poivron, le prix du sac varie entre 4.000 F et 13.000 F en fonction de la saison. Comme il n'y a pas d'organisme officiel qui régule les prix, au kilo ou au gramme, des produits agricoles et des denrées vendus dans nos marchés, tous les produits agricoles répondent à la loi de l'offre et de la demande. Si vous faites plusieurs cultures au même moment, il vous faudra aussi gérer cette difficulté pour chacune des cultures.

La plupart des produits maraichers coûtent chers en saison sèche. A moins de jongler à contre saison et de se spécialiser à ce jeu, vous finirez par haïr le beau métier d'agriculteur. Parce que les prix peuvent chuter en l'espace de quelques heures. Après vous être renseigné sur les prix la veille, vous apprenez au petit matin, alors que vous êtes en train d'embarquer avec gaieté votre cargaison pour le marché, qu'une cargaison venue de Mbouda ou de Foumban, vient d'inonder le marché et de casser les prix en cinq. Vous serez donc obligé de la vendre au rabais, au risque de la perdre totalement votre récolte.

2. **La maitrise de la production.** Il vous sera difficile de maîtriser le cycle de production de toutes ces cultures à la fois. Vous serez partagés entre la surveillance, le respect des fiches techniques, la conservation et le circuit de vente. Chaque culture est unique, chaque culture est un projet qui doit être bien étudié avant d'être lancé, ensuite être suivi jusqu'à la récolte et la vente de ses produits.

Je vous conseille de faire une seule culture pendant au moins deux à trois ans, avant de passer à une autre. Et même, en passant à une autre culture, il faut faire très attention. Lors du choix ou de l'ajout d'une autre culture, je vous conseille activement de choisir une culture du même type. Ainsi, si vous cultivez le maïs, vous pouvez aussi lancer le soja, le haricot ou d'autres céréales. Elles ont toutes presque les mêmes techniques et cycles de production. Si êtes dans les cultures maraichères, restez-y en vous diversifiant entre la tomate, le poivron, la laitue, le gombo, l'amarante (*folon*), la morelle noire (*zom*), la corète potagère (*kelen*), les choux, la pastèque, les condiments verts, etc. Si vous êtes dans les arbres fruitiers, continuez avec tout ce qui a trait aux vergers. De même, si vous êtes éleveurs, ne quittez pas l'élevage des porcs à celui des bœufs, ou encore, de la volaille aux ruminants.

Vous pouvez aussi utiliser les déchets ou les produits de votre première culture pour produire la seconde. Par exemple, si vous produisez le maïs comme moi, après l'égrainage, il vous reste des rafles que vous pouvez utiliser pour produire les champignons. En tant qu'éleveur, vendez les excréments de vos animaux pour vous faire un revenu extra.

Une autre alternative est de transformer vous-mêmes vos cultures au lieu de faire plusieurs cultures à la fois. Alors si vous cultivez le manioc, pensez à le transformer en amidon, tapioca, bâtons de manioc, nouilles, éthanol, ou transformez les feuilles pour produire des nourritures infantiles comme le fait Etienne Parfait Pek avec son entreprise Pek Baby Nutrition.[18]

Au lieu de chercher à tout faire, travaillez à devenir le leader dans votre catégorie. Travaillez de sorte que lorsqu'on parle de votre domaine, on puisse citer votre nom ou votre marque. Savez-vous que si vous êtes leader en production de maïs, de poulets, de tomates, de patates ou même d'épices, vous serez très riche ? Quelle que soit votre business, quand vous entrez dans le marché, entrez pour dominer, et pour dominer, il ne faut pas être dispersé. Dans le monde des affaires, la compétition c'est pour les loosers. *"Jouer pour gagner"* et *"jouer pour ne pas perdre"* sont deux choses totalement différentes, c'est l'attitude du gagnant contre celle du perdant.

Actuellement, je produis le maïs sur quarante-deux hectares et je compte aller jusqu'à dix mille hectares, voire plus en production de céréales uniquement. Je produis aussi les poulets de chair que je nourris à base du maïs que je cultive. C'est toute une chaîne de valeur autour du maïs qui est déjà lancé et je ne fais que débuter.

---

[15] **Source** : Site web financier pour traders débutants et professionnels accessible à https://www.mataf.net/fr/edu/glossaire/diversification-economique.

[16] **Source** : https://www.carnegie.org/interactives/foundersstory/#!/

[17] Andrew Carnegie, Extrait de son discours à l'endroit des étudiants du Curry Commercial College, Pittsburg, 23 juin 1885.

[18] Pour en savoir plus, visitez le site web http://www.pek-grandirsolide.com

CLÉ 4

NE VOUS LANCEZ PAS EN COMPTANT SUR L'APPUI ET LES SUBVENTIONS DU GOUVERNEMENT

« Ne met jamais les clés de la réussite de ton projet dans les poches de quelqu'un d'autre. » — **Loïc Kamwa**

J'ai beaucoup d'admiration pour un leader comme Thomas Sankara, de regretté mémoire, qui a dit que l'impérialisme commence dans nos plats. Nous mangeons ce que nous ne produisons pas et nous produisons ce que nous ne mangeons pas. Nous mangeons du riz importé dans des plats importés avec des cuillères importées, et après on s'amuse en buvant des vins importés. A cette allure, même dans cent ans, on ne sera pas développés. Il est donc important de repenser notre politique agricole, afin d'associer développement démographique et sécurité alimentaire. On doit sérieusement penser à fournir des aliments de qualité et en quantité suffisante à nos populations.

En Europe, l'urbanisation est allée de pair avec la révolution industrielle, alors qu'en Afrique, les villages se vident plutôt au profit des villes où les hommes vont à la recherche du bien-être, sans que le relai soit pris par une industrie agricole de pointe comme dans les pays dit développés.

L'une des erreurs que les gouvernements africains continuent de commettre aujourd'hui, c'est de vouloir être propriétaire des entreprises comme ce fut le cas après les indépendances avec l'appui des intellectuels, des colons et le soutien intéressé des gros importateurs. Cette stratégie s'est révélée inefficace, même dans les pays développés, parce que la fonction primaire de l'Etat est la production de services non marchands, et ces services ont la particularité de chercher à satisfaire les besoins collectifs d'intérêt général. Voilà pourquoi toutes ces entreprises, sinon la plupart, ont été privatisées ou fermées pour des raisons multiples.

Nos Etats doivent comprendre que la gestion des affaires publiques est tout à l'opposé de celle des entreprises commerciales. Dans la gestion de la chose publique en Afrique, le responsable en charge (*ministre ou directeur*) est jugé par sa capacité à dépenser tous les fonds qui lui sont alloués, même si ce n'est pas de manière efficiente. Nos organes de compétitivité ne sont pas souvent mis en place pour réduire la dette publique et le train de vie de l'Etat. Les mesures d'austérité pratiquées en Afrique ne sont généralement appliquées qu'aux contribuables et jamais aux auteurs de dépenses, qui eux, vivent la plupart dans l'extravagance.

J'ai eu à postuler à des programmes gouvernementaux, quinquennaux. Après les trois premières années, le programme n'avait même pas dépensé les 15% du montant alloué pour financer les projets agricoles. Quand la date butoir approchait, ils ont inventé des projets inexistants, pour justifier l'utilisation des fonds, des fonds qui avaient finalement été attribués à des agriculteurs fictifs. Voilà un peu comment fonctionne la réalité gouvernementale en Afrique, le reste c'est les beaux discours pour la télé.

En revanche, la gestion dans les structures privées est plus rigoureuse, l'objectif est de minimiser les charges, optimiser la gestion et l'allocation des ressources, augmenter les revenus et maximiser les bénéfices. L'administra-teur dans le privé est jugé sur sa capacité à atteindre ces objectifs.

En ce qui concerne l'agriculture, et même pour l'économie en général, les gouvernements visionnaires créent un environnement propice pour le développement des affaires et mettent en place des normes et régulations garantissant le bien collectif. Ils laissent les vrais agriculteurs et les vrais économistes piloter leur domaine et les accompagnent avec des mesures responsables (*normalité, tarification, incitations fiscales, facilitation dans l'acquisi-tion des espaces, etc.*)

Par ailleurs, plusieurs programmes ne marchent pas, parce qu'ils sont faits par des bureaucrates, dans des bureaux climatisés, qui sont déconnectés de la réalité des populations. Ils élaborent des solutions pour les problèmes qu'ils ignorent. Et malgré les critiques qui viennent des praticiens et des experts indépendants, ils font la sourde d'oreille et passent leur temps à laisser entendre que c'est la faute des occidentaux. Voilà en gros, pourquoi les efforts pour soutenir l'agriculture ne sont pas efficaces. Comment comprendre que les exploitants privés s'en sortent mieux que ceux qui se font accompagner par les gouvernements, quand on connaît les montants alloués ?

Mes chers amis, africains en particulier, nos gouvernements ont déjà assez de problèmes. Ils ont des crises à gérer, des routes à construire, des hôpitaux à équiper, des écoles et des villages à électrifier, des barrages à créer, de l'eau potable à donner aux populations et l'administration générale des affaires de la nation. Donc, s'ils découvrent que vous lorgner encore sur ce peu, alors qu'ils planifient aussi de distraire une partie ; s'ils entendent que vous espérez des dons et des subventions de l'Etat, parce que vous avez investi dans l'agriculture, ce ne sera pas évident. Votre projet risque de demeurer au stade d'un vœu pieux.

D'un autre côté, j'ai remarqué que ceux qui recherchent le plus les dons et subventions de l'Etat pour l'agriculture, sont ceux qui n'ont même pas encore un hectare de terre cultivé quelque part. Je ne dis pas que le gouvernement ne doit pas financer ou accompagner les agriculteurs, mais cela ne doit pas être l'élément déterminant pour se lancer dans l'agriculture. Ce serait du pur tiercé.

L'autre problème avec le gouvernement, c'est les procédures interminables. J'ai envoyé mon dossier dans certains programmes de financement et d'accompagnement agricoles. Pendant plus de deux ans, on me traînait entre les descentes payantes des ingénieurs de ce programme sur mon site, des réunions sur réunions, et les frais de montage et de suivi du dossier, tout cela pour rien.

Une autre fois, J'ai fait des demandes de semences améliorées à un de ces programmes, sans suite favorable. Un beau matin, mon téléphone a sonné. C'était une dame de cette structure qui me demandait de passer prendre les semences de maïs. Ce jour-là, ma joie et ma surprise étaient au comble. J'ai loué un camion-fourgon pour transporter les semences jusqu'au champ, il fallait transporter environ deux tonnes de semences. Mon ingénieur et moi avons effectué un test de germination pour apprécier les résultats avant d'engager les semis. A notre grande surprise, le taux de germination fut de moins de 7%. C'est là que j'ai compris tout le jeu qui se jouait. En fait, ils avaient gardé stockées dans leurs magasins, les semences destinées aux agriculteurs, au point qu'elles se sont détériorées. Il leur fallait donc un bouc émissaire avec des justificatifs pour éviter des ennuis. Ash !

Imaginez un peu si, à cette époque, j'avais ensemencé mon champ de trente hectares avec des semences détériorée ! J'aurais non seulement perdu une campagne entière, mais aussi, le temps, le carburant (*puisque c'est le tracteur qui sème*) et les engrais (*quand le semoir met les grains au sol, il met également les engrais*). J'aurai, en plus, été en retard sur le remboursement du crédit que j'avais pris pour agrandir et moderniser mon champ. Pour eux, peu importait les dommages, ce n'était plus leur problème.

Apres tous ces coups et regels, j'ai décidé d'oublier les subventions et programmes du gouvernement, et je vous assure, ma vie est plus calme et mon projet se développe sereinement. S'il s'avère que le gouvernement finance les projets agricoles, et que vous vouliez postuler, soyez aussi prêt à attendre plus de trois ans et peut-être aussi, à ne rien avoir au bout du processus. Préparez-vous aussi à la corruption du système, et souvent, aux commissions officieuses qui peuvent vous être imposés par ceux qui sont censés libérer les fonds. Dans tous les cas, vous risquez de perdre des années dans votre chronogramme et ne rien faire à la fin.

Mon conseil est simple : **oubliez le gouvernement et commencez** ! Commencez, même si c'est avec un hectare ; puis petit à petit, vous augmenterez vos surfaces. Plus vous serez sérieux dans votre travail, plus vous serez admiré de tous, même par ces autorités qui voudront alors être filmés à vos côtés. Banques, ONGs et Administrations voudront à ce moment, mettre à votre disposition des financements. Le roi Salomon dit à dessein dans son livre des Proverbes : « *Si tu vois un homme habile dans son ouvrage, il se tient auprès des rois ; il ne se tient pas auprès des gens obscurs.* »[19]

L'une des erreurs commises dans les programmes du gouvernement, est qu'ils ne font que la promotion de certaines cultures (*ou secteurs*), au détriment des autres dans lesquelles vous vous seriez mieux en sorti. Il y a des cultures très rentables pour lesquelles le gouvernement n'a aucun programme. Etudiez le marché et voyez en fonction de la demande. Etudiez votre sol pour savoir quel type de culture y est propice.

Il y en a qui exportent vers l'étranger des cultures qui ne sont pas très populaires, mais pourtant très rentables comme le poivre, l'huile de tournesol et le sésame, pour ne citer que ceux-là. C'est pour cela que lorsqu'on me demande quelle est la culture qui se vend beaucoup sur le marché ou qui est plus rentable, je réponds : toutes les cultures. Celui qui se sent à l'aise dans le poivron vous dira que c'est l'or blanc/noir. Celui qui réussit dans les oignons vous dira que rien ne donne autant d'argent que l'oignon. Et moi, je dirai qu'il n'y a pas meilleure que le maïs, parce que je connais les avantages, les inconvénients, ainsi que les opportunités de la culture et de la transformation du maïs.

L'autre erreur quand vous ne penchez que vers les secteurs que le gouvernement met en avant, c'est de tomber dans le piège de leurs pseudo-experts. Beaucoup de membres du gouvernement et les cabinets avec lesquels ils travaillent, passent pour être des experts, mais au fond, ils ne connaissent pas plus que vous et moi sur le sujet. Même dans les grandes économies, ces experts se trompent tout le temps. Essayez de savoir où se trouve le champ d'expérimentation de leurs théories, et vous verrez qu'ils ont rien pu produire ni prouvé jusque-là.

Concernant la création de votre entreprise agricole, d'élevage, d'agroalimentaire ou dans d'autres domaines, l'expert c'est vous. Si vous avez besoin d'un repère, observez les leaders de votre domaine, surtout si vous êtes en phase de création d'une PME. Si vous voulez devenir le leader dans la production du poivre, allez visiter les plantations de l'entreprise PHP à Penja, au Cameroun. Si vous voulez produire les poulets de chair ou les œufs de table, visitez les fermes-leaders de votre pays. Faites une demande de stage dans ces entreprises, et acceptez même de travailler pour eux gratuitement pendant quelque temps, le temps d'apprendre de leur expérience. Observez comment ils travaillent, qui sont leurs fournisseurs, quel type de comptabilité ils appliquent, qui sont leurs clients et quelles sont leurs stratégies. Apprenez sur leurs débuts, échecs et succès. Cherchez, autant que possible, à vous rapprocher du fondateur de l'entreprise, il/elle vous donnera les meilleures informations sur son entreprise.

Tout bon politicien est un bon récupérateur, ne l'attendez pas pour commencer quoique ce soit. Le politicien n'est jamais là au début des projets, sauf si les photos prises vont aider ses prétentions. Il arrive toujours quand les choses sont déjà bien faites et il fera tout pour récupérer cela pour se faire de la publicité et battre campagne. La balle est dans votre camp.

---

[19] Proverbes 22:29

CLÉ 5

NE CONFIEZ PAS VOTRE ARGENT À UNE ENTREPRISE QUI VOUS PROMET DES GAINS IMMENSES APRÈS TROIS OU SIX MOIS

« *Vous ne pouvez pas faire un bébé en un mois, en mettant neuf femmes enceintes.* » — **Warren Buffett**

En décembre 2017, j'ai participé à la compétition du meilleur entrepreneur du Cameroun. Une compétition organisée par une entreprise d'investissement, dont je préfère taire le nom, qui promettait un retour sur investissement de plus de 60% après seulement trois mois. Elle collectait l'argent des épargnants pour investir dans l'agriculture et dans d'autres formes de commerce agricole.

Concernant leur volet commerce, je n'avais pas saisi comment en achetant des produits agricoles chez un vendeur X et en les revendant à un acheteur Y, on pouvait gagner plus de 60% de son investissement, après seulement trois mois, c'est-à-dire près de 20% de bénéfice par mois. Cette entreprise demandait aux gens d'investir une somme de minimum 25.000 F, qu'elle, disait-elle, réinvestirait dans une spéculation agricole (*maïs, tomate, oignon, plantain, etc.*) et/ou dans l'élevage des poulets et des porcs. C'est donc avec les bénéfices faits sur ce réinvestissement, qu'ils étaient censés rémunérer leurs clients « *investisseurs* ». Des gens de Buea, Douala, Yaoundé et d'autres villes avaient investi de l'argent dans ce projet, qui s'est avéré être de l'arnaque à ciel ouvert. Au bout de quelques temps, le promoteur de ce projet, les fonds investis et le retour sur investissement avaient tous disparu.

* * * * *

Beaucoup de gens viennent me voir pour que je leur fasse un compte d'exploitation pour la culture du maïs sur un hectare. Ce que j'ai souvent fait avec joie, espérant ainsi contribuer à aider d'autres personnes à se lancer véritablement. C'est aussi un de mes buts de former des leaders dans l'agriculture en Afrique Centrale, surtout dans la culture des céréales. Dans ce compte d'exploitation prévisionnel, je vous montre comment vous pouvez gagner environ 160.000 F, en investissant 750.000 F sur un hectare. La saison complète de la production à la vente dure six mois.

Une amie qui voulais faire dans la culture de maïs m'a dit que 160.000 F en six mois, c'est moins de 30.000 F par mois et ce n'est pas grand-chose. J'ai trouvé son commentaire amusant, et c'est la même surprise que les gens ont quand je leur envoie ce document. Ils réagissent de la sorte parce qu'ils sont habitués à la publicité fausse de ces soi-disant entrepreneurs (*ou entreprises*), qui leur promettent monts et merveilles, à la vitesse d'un clic, sur leur investissement de base dans l'agriculture. L'homme en général, et le jeune homme en particulier, aime la paresse et la facilité. Nous n'aimons pas naturellement l'effort et le travail (*le vrai travail*). Voilà pourquoi nous nous faisons arnaquer à chaque fois.

L'agriculture est un business comme tout autre. Quel que soit le business que vous lancez, vous ne deviendrez rentable qu'après au moins deux ans d'exercice. Si vous prenez en compte les investissements réalisés, les charges et les amortissements, vous atteignez difficilement des résultats positifs après la première année. Comment donc voulez-vous que ce ne soit pas le cas avec l'agriculture ? Commencez d'abord avec le peu que vous avez et, au fur et à mesure, vous pourriez prétendre à plus, et même obtenir un crédit bancaire.

L'une des raisons pour lesquelles j'investis dans l'agriculture, est que je sais qu'il y aura 2,5 milliards d'africains sur la terre d'ici 2050 ; et que le premier besoin sera de se nourrir. J'investi donc sur le long terme. Je pense aux vingt-cinq, voire aux cinquante prochaines années. C'est dans cette optique que je travaille, et je vous conseille de faire la même chose. Les choses qui durent n'arrivent jamais facilement et les choses qui viennent facilement ne durent pas. Regardez les arbres, ils prennent le temps avant de devenir grands dans les forêts. On ne peut tout simplement pas labourer, semer, engraisser, récolter et manger le même jour. Ce n'est pas possible ! Faites attention aux arnaqueurs ! Quand ils savent que vous aimez l'agriculture et les affaires, vous serez la cible de plusieurs d'entre eux.

J'ai moi-même été victime d'une arnaque. Un tonton à moi, très intègre, m'a envoyé un numéro de téléphone, me disant que c'est celui du Directeur de cuisine de l'hôtel Hilton de Yaoundé. Il m'a conseillé d'aller le rencontrer avec mon père pour discuter avec lui et savoir en quoi nous pourrions l'approvisionner. J'ai appelé mon père qui était occupé, et qui devait se libérer seulement deux heures plus tard. M'impatientant, j'ai appelé le numéro en question, et le monsieur m'a dit qu'il souhaitait être approvisionné en quantité, de trois types d'épices. La dame qui les leur livrait avait eu un AVC et depuis des mois déjà, ils étaient obligés de s'approvisionner dans les marchés, mais n'étaient pas satisfaits de la qualité. Il m'a aussi passé le numéro d'une autre personne qu'il disait être le gérant d'une coopérative à Kribi qui fournissait la dame malade. Il devait avoir une réunion avec ses supérieurs à 18h, et avait besoin urgemment de quelques échantillons pour les leur présenter. Il était alors 13 heures au moment où il me parlait.

J'ai appelé le soi-disant président de la coopératrice, qui me répondait dans une voix quasi inaudible — la voix de mon grand-père était bien meilleure, je vous assure ! Il s'est excusé à cause de la qualité de sa voix, qui était due à un rhume et m'a ensuite dit que c'était lui qui fournissait la dame, une certaine Mme Atangana. Je lui ai donc passé la commande de six kilos d'épices, soit deux kilos de chaque épice et lui ai envoyé une somme de 107.000 F.

Quelques temps après, un autre qui m'appelle et se présente comme le Directeur de la restauration du Hilton. Il me dit que son Directeur d'approvisionnement va m'appeler, et qu'il faut que je lui dise que je représente la fameuse coopérative qui livrait jadis lesdites épices au Hilton. J'ai accepté de jouer le jeu, ne pensant qu'au gain à réaliser. En bon chrétien, j'aurais dû flairer le piège au moins à ce niveau, mais hélas, l'appât tenait déjà sa victime ! Je pense que Dieu lui-même voulait que je tire des leçons de moi-même. Un numéro fixe m'a donc appelé : « Allô, je suis le Directeur d'approvisionnement de l'hôtel Hilton et je suis très fier de savoir que vous allez nous livrer à nouveau. Vous êtes bien celui qui livrait Mme Atangana ?

— Oui, monsieur. Me suis-je contenté de répondre.

— J'ai annoncé la nouvelle à mes supérieurs de l'hexagone et ils ont été très ravis de la nouvelle. J'irai là-bas dans une semaine pour un séminaire et il me faut une bonne quantité de ces épices.

— D'accord, monsieur.

— En plus des deux kilos que vous avez, pouvez-vous avoir 15 kilos de plus pour ce soir ?

— Oui monsieur, je peux avoir. »

Me voilà donc qui appelle à « *Kribi* » pour commander 15 kilos de plus de chacune de ces épices. Ce qui faisait donc 17 kilos à de chaque épice à recevoir, pour un coût total de 724.000 F. Je vous assure, j'avais déjà calculé mes gains et je m'en sortais avec près de 500.000 F. Quelle belle affaire ! me suis-je dit. Gagner une belle somme sans la peine du travail, en un après-midi ! C'est donc tout souriant, que je suis sorti envoyer l'argent. J'attendais patiemment un appel de l'agence de voyage pour aller récupérer mon colis.

A peine avais-je fini d'envoyer l'argent, que mon père m'a appelé pour me demander à quelle heure était le rendez-vous. Je lui ai déroulé très fièrement mon film, lui disant comment j'avais géré le dossier et lui promettant un compte-rendu détaillé dès qu'il sera possible de se voir.

Quand il est finalement arrivé à mon bureau et que je lui ai raconté mon histoire, je n'avais pas encore fini, qu'il m'a dit d'un air triste : « *Mon fils, on t'a eu. C'étaient des arnaqueurs.* » Aïe ! J'ai appris par cette douloureuse expérience, à vous d'apprendre par instruction, si ça vous parle ! Soyez patient et écoutez vos ainés !

Je compare souvent la création d'entreprise à un bébé qu'on met au monde. La première année, le bébé est très fragile, vous devez le surveiller à la loupe. Le bébé fait ses besoins sur lui, dort parfois en journée pour se réveiller la nuit et tombe malade au contact du moindre microbe. Après un ou deux ans, le bébé commence à marcher, il comprend un peu quand vous lui parlez, mais nécessite encore beaucoup d'attention. La troisième année, l'enfant parle déjà et vous pouvez déjà lui confier quelques tâches de la maison, comme prendre votre téléphone sur la table et vous l'amener ou encore fermer la porte. Il peut même déjà manger de lui-même. Ainsi en est-il de l'entreprise. La première année, vous devez vous dépenser sans compter. A ce stade, l'entreprise aura beaucoup de besoins, car il faut tout mettre en place, et vous devriez faire plusieurs choses vous-même. La troisième année, vous commencerez à ressentir un apaisement si votre entreprise a été bien gérée. La rentabilité se fera déjà ressentir, vous pourrez déjà connaître les produits qui se vendent facilement ; les fournisseurs les plus fiables et même auprès de vos partenaires, vous commencerez à être pris au sérieux.

Quand une entreprise vient d'être crée, les gens ont peur de vous confier des contrats ou d'avoir recours à vos services, parce qu'ils ne vous connaissent pas encore et c'est normal. Mais quand ils vous voient ouvert pendant un, deux à trois ans, ils estiment que vous êtes assez sérieux. Si vous prenez bien soin de votre entreprise quand elle est jeune, elle prendra aussi bien soin de vous quand vous serez vieux. J'ai passé plus de cinq années à étudier la vie des leaders africains, américains, asiatiques et européens dans les affaires et le leadership en lui-même. Je me suis rendu compte qu'ils sont devenus les capitaines de leurs industries après au moins vingt-cinq années d'expérience dans les affaires. Soyez donc patient quand vous investissez, surtout dans l'agriculture.

CLÉ 6
L'AGRICULTURE A UN ENORME POTENTIEL EN AFRIQUE : CROYEZ-LE !

« Les opportunités existent là où les plaintes se trouvent. »
— **Jack Ma**, fondateur d'Alibaba

L'agriculture a un énorme potentiel en Afrique. Peu de cultures sont en surproduction. Il y a plutôt un déficit dans la production de certaines cultures. Sans parler de l'agro-industrie qui est encore à embryonnaire en Afrique. Quel que soit le type d'agriculture, d'élevage, d'agro-industrie ou même la commercialisation de produits agricoles que vous voulez lancer, il y a de l'avenir. Le potentiel y est pour cultiver, transformer ou commercialiser les mangues, le maïs, la viande de porc, de bœuf ou de poulet ; le thé, le café, les champignons, les escargots, etc.

L'Afrique de demain ne sera pas pareille à celle d'aujourd'hui. La jeunesse africaine est plus consciente de son héritage culturel et de son africanité. Les gens réalisent que la survie économique du Continent passe par la consolidation d'un bassin de production de notre propre alimentation. La promotion d'une consommation patriotique des produits alimentaires africains gagne du terrain et convainc les industriels et les Etats, qui ont identifié le problème et la nécessité de développer des politiques adéquates. C'est déjà en discussion à plusieurs niveaux. L'amélioration de l'intégration sous régionale et régionale sont en train de devenir réalité malgré quelques réticences. Dirigeants et Populations comprennent et adhèrent progressivement. La circulation des hommes et de leurs biens devient une préoccupation au centre des débats. L'Afrique Centrale a 105 millions d'habitants. Si vous êtes producteur d'œufs de table, et que vous distribuez dans la zone CEMAC, cela vous donne un marché énorme à satisfaire.

Il faut privilégier les cultures à forte consommation nationale et continentale, aux cultures à exporter hors du Continent. Bien que l'exportation améliore la balance commerciale du pays et donne une image sereine de notre économie, il est plus bénéfique, sur le long terme, de booster la production et la consommation des produits locaux pour maîtriser notre économie. C'est ce qu'a fait la Chine pour avoir ce niveau d'autosuffisance et sa position dans le leadership mondial de l'économie. Cultiver de la tomate pour la vendre à cent kilomètres reste la meilleure option pour les petits agriculteurs et pour l'économie domestique. Entreprendre de la vendre à vingt mille kilomètres est cependant beaucoup plus compliqué à cause des incoterms[20] qu'il faut maîtriser. On ne doit pas se donner un mal fou pour chercher à exporter des produits dont l'offre est déficitaire dans notre propre pays, encore qu'à l'export, il y a tellement de normes internationales auxquelles il faut s'arrimer. La plupart de nos pays africains en sont encore à élaborer et à vulgariser des normes adéquates, mais moins contraignantes, au niveau national.

Nous devons commencer maintenant. D'abord, parce que l'avenir n'est garanti que pour ceux qui s'y prennent tôt ; mais aussi parce que l'avenir de l'Afrique se prépare aujourd'hui. Plusieurs pays en Europe, Amérique et en Asie l'ont compris. Ils sont en train d'élaborer des stratégies sur l'Afrique pour les prochaines cinquante années. Certains, en dehors d'exporter leurs produits vers l'Afrique, viennent s'implanter surplace avec pour ambition de nous supplanter sur notre propre terrain. Notre condition sera pire, si dans cinquante ans, ce sont des entreprises chinoises et européennes qui contrôlent l'agriculture, l'élevage, la transformation agroindustrielle et la vente des produits agricoles sur le sol et le marché africain. Ne rien planifier, c'est planifier son échec. Ce postulat dit vrai, et ce n'est pas les politiques qui me démentiront. Dans la bataille des parts du marché agricole global, l'Afrique doit se tailler une place, sa place véritable. L'Afrique ne doit plus se voir, ni être vu, comme un passif pour le monde.

C'est ce qui a poussé le ghanéen Emmanuel Ansah-Amprofi, à se lancer dans l'agriculture. Il a constaté qu'en Afrique, les parents agriculteurs ne veulent pas voir leur progéniture faire le même métier qu'eux, parce que l'agriculture a été depuis associée à la pauvreté. L'un de nos défis majeurs, à nous les jeunes agriculteurs du Continent, est de donner un nouveau visage à ce noble métier. « *Nous devons rendre l'agriculture sexy*[21] », a déclaré Emmanuel Ansah-Amprofi. C'est dans cet ordre que plusieurs jeunes ont créé des émissions et des documentaires dans les radios, chaines de télévisions et sur YouTube, pour faire la promotion de l'agriculture et surtout, des jeunes agriculteurs qui ont relevé le défi de s'y investir. Sur YouTube, vous trouverez par exemple les chaines : Agribusiness TV, Agribusiness How It Works, Agri TV web et Loïc Kamwa, où vous trouverez des vidéos éducatives et des conseils sur l'entrepreneuriat agricole et des *success stories* de jeunes agripreneurs.

Des années auparavant, M. Ansah-Amprofi travaillait dans le droit de l'immigration, quand il a découvert sur un marché local que l'oignon qu'il achetait avait été importé de la Hollande.

« *J'étais vraiment en colère contre notre pays,* » dit-il, aujourd'hui âgé de 39 ans. « *Comment pouvons-nous importer autant de légumes alors qu'il y a un grand nombre de jeunes dans la rue ? Comment pouvons-nous avoir toute cette terre, du beau temps, beaucoup d'eau, mais nous importons toujours des oignons ? Je suis allé directement chez moi et j'ai cherché sur Google : 'Combien est-il difficile de cultiver ?'* »

Deux ans plus tard, il a démarré une ferme qui produit une variété de fruits et de légumes. Il a également contribué à la création de Trotro Tractor, une application qui permet aux agriculteurs qui autrefois cultivaient à la main, de localiser et de louer des tracteurs partageables. Pour lui à 27 ans, l'avenir c'était les rats géants et les escargots géants. Les deux étaient des délices rares au pays, et étaient généralement récoltés dans la nature. Titulaire d'un Bachelor en Sciences Sociales, M. Azumah a repéré une occasion manquée : l'élevage conservatoire. Lorsqu'il a informé sa mère, Martha Azumah, elle a pleuré.

« *Oh, j'ai pleuré,* » dit-elle, assise dans la ferme familiale de la région de Volta, à environ quatre heures de route d'Accra, la capitale. « *Je m'attendais à ce qu'il poursuive ses études et qu'il travailler dans un bureau, vêtu d'un costume et d'une cravate.* » Là devant sa porte, elle regarde comment son fils a transformé le petit lopin de terre de subsistance en *West African Snail Masters*, son incubateur d'escargots. Il a commencé avec 500 escargots de la taille d'un poing, recueillis dans la forêt ghanéenne pendant la saison des pluies, quand ils sont abondants. Un après-midi récent, M. Azumah se baladait entre les nouveaux enclos pour tester l'humidité et l'alcalinité du sol. Dans un autre bâtiment, il a mis un enclos où il nourrit de feuilles des rats géants, encore appelés coupe-herbe.

C'est en voyant ses méthodes modernes que sa mère a été conquise. Elle a conclu : « *Il y en a qui occupent des emplois à col blanc et qui sont à peine payés.* » M. Azumah produit maintenant des ateliers en ligne pour intéresser d'autres personnes à élever des escargots. « *Je considère un diplôme universitaire comme un moyen d'avoir appris à penser au-delà des sentiers battus et à trouver des solutions à des problèmes comme la pauvreté et l'insécurité alimentaire,* » a-t-il déclaré.

Selon la FAO, environ 60% de la population africaine a moins de 24 ans, mais l'âge moyen des agriculteurs est de 60 ans. Les experts disent que si rien n'est fait, l'Afrique court le risque de n'avoir personne pour les remplacer au moment de leur mort.[22]

Au même moment, des recherches ont prouvées que la faible utilisation d'engrais et la dépendance à la seule irrigation pluviale, ont laissé à l'Afrique des rendements de cultures ne représentant que 20 à 30% de sa production potentielle. Bien qu'il existe de grandes exploitations prospères sur le Continent, la plupart des agriculteurs de l'Afrique subsaharienne sont de petits exploitants, cultivant un hectare ou moins. De nombreux agriculteurs sont à peine en mesure de nourrir leur famille et encore moins à se lancer dans des activités commerciales.[23]

---

[20] Un incoterm (contraction de l'anglais pour *International Commercial Terms*) est un terme normalisé qui sert à définir les droits et devoirs des acheteurs et vendeurs participant à des échanges internationaux et nationaux. Exemple: FOB, CIF, CFR, FAS.

[21] Interview recueillie par Sarah Maslin Nir, New York Times, le 27 mai 2019, consultable sur : https://www.nytimes/com/2019/05/27/world/africa/farming-millenials. html?action=click&module=Top%20Stories&pgtype=Homepage

[22] FAO, *Food security for sustainable development and urbanization: Inputs for FAO's contribution to the 2014 ECOSOC Integration Segment*, 27-29 May 2014.

[23] Gillian Klucas, *Yield gap study highlights potential for higher crop yield in Africa*, University of Nebraska-Lincoln, 2015. Available at https://news.unl.edu/newsrooms /unltoday/article/yield-gap-study-highlights-potential-for-higher-crop-yields-in-africa/

CLÉ 7
REVEZ GRAND ET COMMENCEZ PETIT

« Un voyage de mille kilomètres commence toujours par un premier pas. » — **Lao Tseu**, Ve siècle av. J.-C.

L'agriculture a une importance capitale pour les objectifs de développement en Afrique. C'est un secteur qui est d'abord moteur de la création d'emplois. L'exploitation de la terre et l'élevage contribuent, à eux seuls, à environ 60% des emplois en Afrique subsaharienne, dans l'ensemble du système agroalimentaire, la part des emplois pourrait être bien plus élevée. De plus, l'agriculture est un vecteur de croissance solidaire stable. C'est le socle essentiel qui permet d'assurer une alimentation nutritive sûre et accessible à tous.

De tous les secteurs, l'agriculture est l'un des secteurs où on n'a pas besoin de trop de moyens pour commencer. La difficulté avec les jeunes africains, c'est qu'ils veulent faire de l'agriculture avec les mains dans les poches, en utilisant des drones quoi... Ce n'est pas possible, du moins, au début. Les grands agriculteurs et agroindustriels en Occident y mettent leurs deux mains et la sueur dégouline le long de leur corps : c'est la peine du travail et c'est une sensation agréable. L'hésitation chez les africains, surtout les jeunes, vient de deux choses :

Ils calculent trop. Comme ils ont fait trop d'études générales et théoriques, ils sont bloqués par le fait de monter des business plans sur un domaine où, les données collectées ne sont pas toutes crédibles ni analysées par les statisticiens. Dans le business plan, ils incluent généralement les bureaux, la secrétaire, le comptable et plein d'autres charges qui les effraient, et leur fait croire que ce n'est pas possible, qu'ils ne sont pas à la hauteur. Une démarche classique que je déconseille fortement, ce n'est pas notre contexte.

Quel que soit le pays dans lequel vous êtes en Afrique, vous êtes riche. Plusieurs ne savent pas que l'école africaine n'a pas la bonne orientation. Elle ignore carrément les réalités du contexte. Il fallait concevoir des cursus adaptés et initier les enfants à déployer leur intelligence pour trouver des solutions et résoudre les énigmes de nos populations. Pendant longtemps, on nous a fait croire qu'on aurait plus de chance d'avoir un emploi et de devenir riche en allant à cette école, en ayant les meilleurs notes et tous les diplômes. En toute honnêteté, vous serez d'accord avec moi que nous avons plus de diplômés au chômage, qui vivent dans la pauvreté que partout ailleurs.

Cette ancienne formule paralysait Thomas quand je l'ai porté, en rentrant un soir, dans mon véhicule, de Bafia pour Yaoundé. A cette époque, je prenais toujours des passagers pour amortir mes charges de carburant. J'ai donc engagé le dialogue avec Thomas qui m'a aussitôt raconté son histoire.

Thomas était enseignant et n'arrivait pas à trouver du travail. Sa femme venait d'accoucher et comme toutes ses demandes pour trouver de l'emploi auprès des collèges à Yaoundé n'avaient donné de suites favorables, il était donc allé à Bafia, espérant avoir plus de chances. La concurrence serait moins rude, pensait-il. Malheureusement pour lui, il venait d'être refusé une énième fois. Il regrettait d'avoir refusé de faire le concours de la gendarmerie à l'époque où son âge le lui permettait encore. Son grand-père qui était commissaire de police, n'avait eu que le BEPC. Il lui disait tous les jours d'aller à l'école, d'avoir tous ses diplômes et que ce serait facile de trouver du travail ensuite. Il se rendait compte que la formule de grand-père se trompait de génération. Il pensait déjà à renvoyé sa Femme chez sa mère en attendant d'y voir clair.

— Vous êtes originaire de quelle partie du Cameroun ? lui ai-je demandé.

— De Bafia, dans le département du Mbam et Inoubou.

— Le département du Mbam au Cameroun est l'un des plus grands et plus fertiles au Cameroun. Moi je suis venu d'une autre région, où il n'y a pas assez d'espace pour cultiver. C'est pour faire de l'agriculture que je suis venu non loin de ton village. Comme moi, vous n'avez pas besoin de faire un concours, ni d'être embauché par qui que ce soit, parce que la terre que vous avez est déjà votre richesse.

— Je n'ai jamais fait de l'agriculture et je ne sais même pas par où commencer, finit-il par me lancer, perdu dans ses pensées.

Après plus d'une heure trente d'échanges, on a retenu la culture du bananier plantain. Un rejeton de bananier plantain coûte 150 F, il en faut environ 1200 sur un hectare. Soit, 180.000 F seulement, il faut ensuite payer les gens pour faire la trouaison, débroussailler et planter. Ce qui faisait environ 500.000 F. Jusque-là, ce n'était toujours pas possible pour lui. Je lui ai donc fait comprendre qu'il n'avait pas besoin d'acheter les rejetons.

Quand je créais mon champ de bananiers plantains, j'ai eu gratuitement la plupart des rejetons. Quand je voyais une bonne variété de bananier plantain dans un champ, je m'arrêtais et je demandais à acheter quelques rejetons au propriétaire qui, la plupart du temps, me les donnait gratuitement. Je leur donnais quand même une somme symbolique parce qu'il faut savoir dire merci, même ne serait-ce que de façon symbolique. Ce n'est pas obligatoire, mais ça améliore les relations. J'ai planté ces rejetons et quelques mois après, moi-même je retirais de nouveaux rejetons pour étendre les superficies cultivées. Je continue toujours de prélever les rejetons de mes bananiers et je continue aussi de m'arrêter pour demander/acheter des rejetons chez les autres. C'est là le conseil que j'ai donné à Thomas quand on s'est séparé.

Quelques temps après, il m'a appelé pour demander si je pouvais lui donner quelques rejetons de mon champ. Ce que j'ai accepté tout de suite et il est venu les chercher dans mon champ. Près d'un an plus tard, il m'a appelé pour me dire merci et pour m'annoncer qu'il était en train de commencer un deuxième hectare de bananier plantain.

La deuxième difficulté que les jeunes ont pour se lancer dans l'agriculture, c'est qu'**ils veulent le beurre et l'argent**

du beurre. Vous ne pouvez pas commencer petit et vouloir tout de suite jouer les patrons. Si vous voulez commencer l'élevage des poulets de chair avec une bande de cinq cent poussins, travaillez vous-même dans la ferme. Ce n'est pas encore le moment de recruter. Si vous cultivez un ou deux hectares de terre, débroussaillez vous-même, plantez vous-même, arrosez-vous même. En plus de faire des économies, vous allez connaitre tout ce qui entoure votre activité.

Commencez petit !

Dans leur livre **Rework**, Jason F. et David H. disent que vous avez besoin de moins que vous imaginez pour vous lancer. Vous n'avez pas forcément besoin de : bureau, secrétaire, comptable, département commercial et informatique, etc. Si vous n'avez pas assez d'argent ou d'expérience, ce n'est pas un handicap non plus. Toutes ces choses ne sont que des excuses. Vous n'avez pas besoin de perdre votre temps dans de la paperasse ou dans les réunions à répétition. Ce dont vous avez besoin, c'est d'arrêter de parler et de commencer à travailler. Des ressources limitées vous pousseront à faire avec ce que vous avez à votre disposition. Pas de gaspillage et cela vous force à être créatifs.[24]

L'une des *success stories* les plus captivantes dans l'agroali-mentaire en Afrique Centrale, est celle de J. Samuel Noutchogouin. Son livre **A la mesure de mes pas**[25] est un simplement riche d'instruction, un *must read* ! C'est l'histoire de l'un des hommes les plus riches d'Afrique Centrale. Un parfait exemple de faibles commencements pour arriver au sommet de la pyramide.

Il a laissé l'école très tôt et a passé une partie de son enfance avec sa grand-mère à Bayangam, puis avec sa mère à

Bandjoun. Il ramassait du bois qu'il allait vendre au grand marché de Bafoussam. Remarquant que la plupart des maisons de l'époque avait un toit en feuilles de raphia tissées, il s'est lancé dans ce commerce des toitures en raphia avec les économies qu'il avait fait en vendait du bois pour la cuisine. En vendant des nattes de raphia, il est sollicité par des clients qui lui demandaient de faire des portes, des fenêtres et des étagères pour sécher la vaisselle, en tiges de raphia, ce qui devint très vite une mode à cette époque.

A 15 ans, en 1948, il y a des tensions entre les nationalistes indépendantistes et les colons. Ce qui crée la pénurie de nourriture. Il décide alors d'aller à Nkongsamba acheter du sel et des produits alimentaires. Mais arrivé sur place, il a plutôt ramassé les châssis de ferraille avec lesquels les forgerons fabriquaient houes, plantoirs et machettes pour travailler la terre. Il commence donc une quincaillerie qui constitue jusqu'aujourd'hui l'une de ses activités principales. Il a continué à investir les revenus de ses quincailleries dans l'immobilier.

Après plusieurs années, il lance un petit élevage de porc à Bandjoun. Son fils lui propose une ébauche de business plan pour une grande ferme de porcs. Il lance donc l'élevage industriel des porcs et fait une joint-venture avec une entreprise européenne spécialisée dans le domaine, pour la gestion du projet. Il se fixe pour objectif de dominer le secteur de l'élevage et de la provenderie au Cameroun. En 1983 une entreprise belge entre dans son capital et en 1987, il crée AGROCAM qui gère les fermes parentales à l'Ouest Cameroun et produit les poussins. A son décès en janvier 2019, il faisait partie des hommes les plus riches d'Afrique Centrale.

Visez grand !

Quand j'entends les gens me dire qu'ils veulent entreprendre dans l'agriculture, je leur demande toujours quelle est leur vision. Certains me disent qu'ils veulent faire dix hectares et être tranquille. Je me moque un peu de ce genre d'idée que je trouve médiocre. Commencez au moins un hectare, si votre vision est d'avoir cinq mille, dix mille ou même vingt-cinq mille hectares, là je vous suis. Avoir 10 hectares d'exploitation agricole, c'est comme la boutique du sénégalais au quartier. Vous devez viser devenir une chaine de supermarchés, parce que dans le monde des affaires, on ne respecte que les grands.

Votre objectif doit être de dominer votre secteur, d'être leader. Posez-vous la question de savoir ce que sera votre entreprise dans vingt ou trente ans. Est-ce que votre entreprise agricole pourra encore s'intégrer dans le monde à ce moment-là? Si votre réponse est OUI, alors, continuez. Si c'est NON, arrêtez tout, et ne recommencez que quand vous aurez une vision futuriste du projet.

Les statistiques disent que dans vingt ans, moins de 20% de la population africaine pratiquera l'agriculture. A ce moment-là, le marché de l'agriculture sera dominé par ceux qui ont de vastes exploitations agricoles. Il sera très difficile de survivre en tant que petit producteur, face à ces géants. Ils maîtriseront le marché et fixeront les règles que vous devrez suivre ou disparaître.

Au Nigeria, plusieurs usines de transformation de tomate en purée de tomate ont été implantées, et trois ans après, les machines n'étaient plus en marche parce qu'il n'y avait pas assez de tomates pour faire tourner les machines à plein régime. Imaginez si à un tel moment, vous êtes le meilleur producteur de tomates de la région. Les propriétaires des usines vont courir vers vous.

Au Cameroun, il y a un besoin énorme en viande de porc pour les industriels qui font la charcuterie. Il y a un besoin énorme de soja pour faire tourner les industries de transformation de soja en huile et tourteaux de soja. Pour faire tourner les machines industrielles, on n'a pas besoin de quelques tonnes de viande ou de céréales, il faut livrer constamment des dizaines de milles de tonnes.

La bonne nouvelle est que si vous êtes le meilleur producteur en agriculture ou en élevage, vous-mêmes vous pouvez devenir le transformateur ou le consommateur de votre produit.

---

[24] Jason Fried & David Heinemeir H., *Rework*, Currency, 2010, 288p. Publié en français sous le titre *Rework: réussir autrement*, Maxima L. du Mesnil, 2012, 238p.
[25] Jean Samuel Noutchogouin, *A la mesure de mes pas*, Monde Global Editions Nouvelles, 2015, 194p.

CLÉ 8
FAITES LES ACHATS ET LES VENTES VOUS-MEME ET TENEZ UNE COMPTABILITÉ STRICTE

Pour vendre au meilleur prix et dominer votre marché, vous devez produire à un prix raisonnable. Et pour cela, vous devez avoir la maitrise de votre coût de production et être capable de le maintenir à la baisse, pour augmenter vos marges bénéficiaires. Pour produire moins cher, il faut acheter moins cher. Quand vous commencez une activité, faites les achats vous-même : les machines, les intrants, le matériel génétique ou la matière première. Personne ne le fera mieux que vous-même. A moins que vous n'ayez, comme j'ai eu dans mon cas, la chance de confier les achats de mon restaurant à ma mère. Je n'ai pas encore vu quelqu'un qui discute les prix au marché comme elle. En plus de discuter les prix, elle se renseigne chez plusieurs vendeuses pour enfin venir acheter chez la première vendeuse. Et après avoir négocié les plus bas prix, elle demande encore une remise. Elle nous permet de maintenir des prix d'achats bas et d'être compétitifs au niveau des prix de vente au restaurant.

Imaginez un peu que vous produisez les poulets de chair et qu'au lieu d'acheter un sac de tourteaux de soja à 18.000

F, votre responsable d'achat le fait à 18.500 F. Si vous achetez 50 sacs, cela fait 25.000 F de plus qui s'ajoutent à votre coup de production. Si vous avez une marge brute de 500 F par poulet, il vous faudra vendre 50 poulets de chair pour rattraper ce fossé.

Une fois je suis allé acheter mille poussins chez un fournisseur. J'avais préparé 500.000 F à raison de 500 F le poussin. Arrivé chez lui, je découvre qu'ils étaient à une période morte et les poussins d'un jour étaient vendus 350 F. J'ai économisé ce jour-là 150.000 F. Essayez de calculer l'impact que cela a eu sur mon coût de production. Si j'avais envoyé quelqu'un d'autre, je ne sais pas combien seraient revenus me remettre les 150.000 F économisés. Plusieurs auraient remercié le ciel de s'être souvenu d'eux.

J'ai compris ce secret de faire les achats soi-même et je ne badine pas avec. Il m'arrive parfois de faut consacrer toute une journée à faire les achats d'aliments pour mes poulets de chair, d'aller au mélangeur avec, puis de les transporter à la ferme. Je dépose des rations en quantité nécessaire pour chaque jour. Celui ou celle qui s'en occupe, sait que la quantité d'aliment présente est exactement la quantité dont les poulets ont besoin. Je fais la même chose pour l'aliment croissance et pour l'aliment finition. Pour le suivi et la maîtrise de la ferme, j'ai compris qu'il faut que je sois là. Le même schéma peut être fait si vous êtes agriculteur. Si vous produisez par exemple le soja sur un hectare, faites les achats de tout ce dont vous aurez besoin en début de campagne. Cela vous fera bénéficier aussi en frais de transport, Aller au marché plusieurs fois est fatiguant et vous fait dépenser.

Envisagez de négocier des partenariats de fidélité avec vos meilleurs fournisseurs, surtout ceux qui sont constants dans la qualité. Ne dépendez pas d'un seul, ayez trois ou quatre qui soient fiables et négociez un plan de continuité. Vous pouvez faire des achats ponctuels, mais misez sur des fournisseurs stables. Plus vous êtes fidèle quelque part, plus vous aurez les meilleurs prix.

Pour ce qui est de la vente, surtout dans les débuts de votre activité, vendez vous-même. Si vous demandez à tous les entrepreneurs qui ont réussi en partant des débuts faibles, ils vous diront qu'un entrepreneur est un bon vendeur. Si vous produisez au meilleur coût, et que vous vendez cher, personne n'achètera ; surtout si vous êtes dans un marché où les prix de vente sont déjà connus, et où la plupart du temps, c'est le marché qui impose les prix. Avec l'agriculture, les prix de certaines denrées sont plus volatiles que les prix des parts dans les entreprises à la bourse de New York. Les prix varient tellement que si vous ne vous y connaissez pas encore, ou que vous confiez cette tâche à quelqu'un d'autre, vous allez croire que cette personne veut vous ruiner et c'est parfois le cas. Pour ce qui est des vivres frais, le prix peut passer de 2.500 F à quatre heures du matin, à 7.000 F à quinze heures et vice versa.

Récemment, j'ai eu ce problème en vendant le maïs à Bafoussam. Quand nous nous sommes accordés pour cette vente, le prix du marché était à 175 F le Kg. Le temps de chercher et de trouver un camion pour acheminer le maïs chez lui, deux jours se sont écoulés et la livraison n'a pu se faire que le troisième jour. Or le prix du Kg de maïs sur le marché était revenu à 155 F. Le client a littéralement refusé de me payer à 175 F le Kg, disant qu'il doit me payer au prix du marché. Ce que j'ai refusé catégoriquement. Si le prix était passé à 190 ou à 200 F le kg, aurais-je pu, moi aussi lui imposé le nouveau prix ? Finalement, après maintes discussions, il a accepté de payer le kg de maïs à 170 F. Ce que j'ai accepté malgré moi, en évaluant les frais de manutention et de transport. Ce sont des expériences pareilles que vous devez vivre personnellement pour mieux planifier la gestion des aléas de votre projet.

L'autre avantage à faire les achats soi-même est que vous récoltez directement les avis et conseils des fournisseurs sur votre produit ou service sur la façon de l'améliorer. Ils ont l'expérience dans le métier et dans la filière, ça peut vous être bénéfique. En allant sur le terrain moi-même, je me suis fait des amis parmi les chargeurs et d'autres personnes du marché qui me donnent les différents prix des différents marchés et villes. Cela m'aide à programmer quand stocker et quand vendre. Commettre l'erreur de jouer au patron au début de votre activité, ne vous aidera pas. Soyez au four et au moulin vous-même. Quand votre projet aura grandi et que vous aurez la maîtrise du marché, là, vous pourrez déléguer des tâches à d'autres personnes, en bonne connaissance de la chose. Et vous, vous assumerez l'exportation ou d'autres tâches au sein de l'entreprise. Il arrivera bien un moment de prospérité où l'entreprise pourra vous acheter une maison et même vous payer des vacances à Madagascar ou à l'île de Fernando Pô.

Suivez votre comptabilité

Avec l'agriculture, il est très facile de ne même pas avoir de comptabilité, parce que vous vous déployez dans un marché assez informel. La tentation de ne pas garder les traces de vos transactions est grande. De l'achat des semences jusqu'aux récoltes, tout est informel. Je vous conseille, pour tenir une bonne comptabilité, de ne pas faire plus de 24 heures sans noter vos dépenses sur un bloc-notes que vous devez toujours avoir sur vous en permanence.

Si vous ne tenez pas une comptabilité stricte, vous risquez de croire à la fin, que vous avez fait des bénéfices, alors que ce n'est pas le cas, parce qu'il y a des dépenses que vous avez oublié. Vous aurez tendance à oublier de mentionner les petits frais qui surviennent de manière imprévu, comme le transport pour le champ, le crédit téléphone ou encore le fait de dépanner un employé. Tenir une bonne comptabilité est aussi une excellente manière de documenter vos entrées afin de pouvoir faire une bonne analyse et prendre de bonnes décisions. Au début, vous n'avez pas besoin de recruter un comptable à temps plein. Travaillez avec un comptable une fois par semaine. Si vous avez une connaissance ou un ami qui a fait comptabilité ou gestion, il/elle peut vous aider à le faire. En ce qui me concerne, j'ai travaillé avec mon petit frère qui a un Bac en comptabilité. Il m'a aidé à calculer mon coût de production et de revient pour un kilo de maïs. Cela me permet de fixer mon prix de vente minimum au lieu de spéculer avec le marché sans même savoir si je perds ou si je gagne.

CLÉ 9
MAITRISEZ VOTRE MARCHÉ

« Tout le monde n'est pas votre client. » — **Seth Godin**

Internet ne cesse de s'étendre et l'Afrique est un marché majeur, bien que très inégal. Le Continent compte désormais près de 281 millions d'internautes pour un taux d'accès moyen d'à peine 23%, selon les derniers chiffres de l'Internet Live Stats, membre du projet Real Time Statistic. En tête du palmarès des pays où le taux de pénétration est le plus important, on retrouve les Seychelles (57,90%), le Maroc (57,60%) et l'Afrique du Sud (52%). Le Nigeria reste toutefois le pays où l'on compte le plus d'internautes. Ils sont près de 86 millions aujourd'hui, ce qui équivaut à un taux de pénétration de plus de 46%. Si tout le Continent connaît une progression, en moyenne supérieure à 4%, du taux d'accès à internet, les disparités entre les pays restent colossales et varient de 1 à 50. Cela pousse beaucoup d'entrepreneur à croire qu'il faut absolument être sur internet.[26]

Etre sur internet est important mais pas toujours stratégique. Toutes les entreprises n'ont pas le même marché. Tout est d'abord question d'avoir une stratégie efficace. Vous devez savoir qui sont vos clients en faisant une segmentation du marché par âge, sexe, institution, pays, revenus, etc. Plusieurs qui entreprennent dans le digital veulent vous faire croire qu'un bon site web et des publicités bien ciblés sur les réseaux sociaux vous rendra riche et vous amènera tous les clients. Il n'y a qu'à leur confier la communication digitale de votre entreprise et le tour sera joué. Tous de bons menteurs ! La vérité est qu'ils n'ont aucun chiffre. Ils n'ont réussi nulle part. Ils veulent juste vous ajouter sur la liste de leurs victimes. Vous n'avez aucune garantie des résultats. Notre contexte est différent de ce que les livres écrits par les occidentaux sur l'Afrique disent.

Quand je suis revenu des Etats-Unis, après mes études, j'étais super optimiste, avec plein de plans et d'idées à mettre en œuvre dans l'entreprise familiale 'Sitchom Construction' qui est l'une des meilleurs entreprises dans le BTP en Afrique Centrale. Parmi ces stratégies, il y avait la digitalisation de l'entreprise (site internet, page Facebook, LinkedIn, etc.) Avant d'appliquer cette stratégie, je suis allé rencontrer mon père pour lui en parler, afin d'obtenir son avis et sa validation en tant que personne expérimentée. Il m'a dit que l'idée était bonne mais que plus de 95% des marchés de Sitchom Construction qui est l'une des meilleures entreprises de BTP au Cameroun, provenait du bouche à oreille. Au Cameroun et en Afrique en général, les gens qui ont des projets d'une valeur d'au moins 45 millions de francs ne vont pas sur Internet pour trouver une entreprise capable de le réaliser. Ça se fait peut-être déjà dans ces pays dit développés, mais pas en encore en Afrique. Chez nous, quand quelqu'un veut construire, il/elle demande à un ami, à une connaissance qui a déjà construit, il se renseigne auprès de ceux qui s'y connaissent, il reçoit des recommandations...

Mon père ne voulait pas me décourager, mais il m'a prévenu que cette stratégie avait très peu de chance de réussir. J'ai donc fait appel une entreprise qui nous as monté un site web, créer une page Facebook et LinkedIn, utiliser les newsletters. Cela m'a coûté 650.000 F. Résultat : aucun marché après plus de 6 mois de marketing intense, ni au bout de trois ans de présence sur internet.

Récemment, je me suis amusé à faire une recherche sur internet des grandes entreprises de BTP au Cameroun et en Afrique. J'ai cherché les entreprises telles que RAZEL, Société des Provenderie du Cameroun (*qui est la première entreprise en production de poussins et d'aliments d'animaux au Cameroun*), Maïscam (*entreprise numéro un avec des milliers d'hectares de maïs*) et bien d'autres, je me suis rendu compte que toutes ces entreprises n'ont pas de site web, et même pour celles qui en ont, ce n'est qu'un site web de vitrine. Plusieurs de ces sites web n'ont même pas fait de mise à jour depuis plusieurs années. Et pourtant, ces entreprises sont les plus productives. Elles ont juste compris qui sont leurs clients et que leurs clients ne les cherchent pas sur internet.

Il y a une histoire qu'on raconte sur le PDG de Rolls Royce et ses voitures de luxe pour riches. Je ne sais pas si elle est vraie, mais il y a une grande leçon à retenir. On dit qu'on a une fois demandé au PDG de Rolls Royce pourquoi il ne faisait pas de publicités à la tété. Il a répondu : « *Ceux qui achètent les RR ne regardent pas la télévision.* » Si vous faites de l'agriculture, vous devez connaître quelle est votre cible et quels sont vos potentiels clients.

Si vous êtes agriculteur ou si vous voulez vous lancer dans l'agriculture ou l'élevage en Afrique, vous n'avez pas forcément besoin de site web ni de page Facebook. Ça ne vous sert pas à grand-chose pour le moment. La plupart de vos clients seront des gens qui n'ont même pas de smartphone. Prenons les plantains par exemple. Pour quelqu'un qui débute dans les plantains ou qui fait déjà dans les plantains, vous voulez vendre en gros aux revendeur(euse)s, aux *Bayam Sellam*. Et ces dames ont des téléphones simples, justes pour recevoir et passer des appels. Et comme les femmes aiment papoter, leurs clients préfèrent appeler et parler de vive voix, même si elles ont des smartphones. Si vous les cherchez sur internet, vous ne les trouverez jamais. Vous irez simplement dans les marchés pour faire votre prospection comme à la belle époque, avec l'approche face à face.

Si vous produisez le maïs et les poulets de chair comme moi, vous allez remarquer que les grossistes viennent pour la plupart prendre les poulets directement dans les fermes. Ils veulent vous connaître et savoir où vous êtes, pas besoin d'internet, car vos clients sont peu nombreux. Pour la vente de maïs, c'est pareil. Mes clients sont les propriétaires des provenderies, et les éleveurs ne sont pas pour la plupart, très orientés vers la technologie. Beaucoup parmi eux n'ont même pas accès à Internet et ne sont même pas joignables la plupart du temps par téléphone. Quand vous appeler, vous tomber sur un de leurs enfants qui joue le rôle de secrétaire. Pour les rencontrer, il faut aller sur place.

Lors d'un voyage entrepreneurial que j'ai effectué en France, j'ai visité le domaine de couinerais de la ville de Bordeaux où j'ai rencontré Jérôme Hue, un agriculteur qui possède plus de 850 hectares de maïs. Devinez quoi : Il n'a ni site web, ni page Facebook, ni page LinkedIn. Quand je lui ai demandé pourquoi, il m'a répondu qu'il n'en a pas besoin. Avec 850 et plus d'hectares, il a au trop cinq clients qu'il s'assure de satisfaire. Il a tous leurs contacts et adresses, il sait où les trouver et ils savent où le trouver.

Mais moi avec juste 30 hectares de maïs, les gens me demandent d'avoir un site web. Je ris juste aux éclats. En supposant même que j'ai un site web, cela va me donner une allure que je n'ai pas. Vous risquez de recevoir des commandes (*au cas où vous en recevez*) que vous n'arriverez pas à satisfaire. Cela va plutôt vous décrédibiliser auprès de ces potentiels clients. Rien qu'en utilisant les moyens de marketing traditionnels, j'ai eu plein de contacts de fournisseurs, de clients, d'agriculteurs et d'industriels. Je me suis rendu compte que je n'arrive même pas à satisfaire les besoins d'un seul de mes clients. Au moins cinq de mes clients m'ont proposé de prendre à eux seul la totalité de ma production annuelle.

D'autres ont même proposé de me payer en avance si je voulais car le maïs se fait souvent très rare, une offre que j'ai refusé pour des raisons personnelles. Une fois je suis allé rencontrer l'un des plus gros consommateurs de maïs qui importe toujours le maïs de l'Europe et de l'Amérique pour lui proposer de lui livrer mon maïs. Ils m'ont fait savoir que pour faire tourner leurs machines à plein régime, il leur faut 21.000 tonnes de maïs par an. La quantité que je pouvais leur offrir à cette époque était de maximum 210 tonnes par an et ce, avec deux cultures par an. Si vous faites le ratio vous allez vous rendre compte que je ne pouvais fournir que 1% de ce qu'il demandait pour faire tourner leurs machines pendant 3,5 jours.

A la fin de mon entretien avec le responsable des achats de cette structure, je me suis amusé à savoir combien d'hectares je devais cultiver pour satisfaire ce client. En prenant un rendement moyen de 8 tonnes à l'hectare, il me faut 2.625 hectares de maïs juste pour satisfaire la demande de cette seule entreprise. C'est à ce moment que le passage de Luc 10:2 m'est venu à l'esprit. Il dit : « *La moisson est grande, mais il y a peu d'ouvriers...* »

---

[26] **Source** : https://www.huffpostmaghreb.com/2017/02/01/la-frique-compte-pres-de-281-millions-dinternautes_n_14544828.html

CLÉ 10
SOUTENIR L'AGRICULTURE EN AFRIQUE

Consommez les produits *made in Africa*, au lieu de ceux importés, est le meilleur moyen de soutenir l'industrie agricole et agroalimentaire. Ce que les colonisateurs ont réussi à faire, c'est de nous faire croire que tout ce qui est bien vient de chez eux, et que tout ce qui est mauvais vient de chez nous. C'est pour cela que quand nous sommes devant un nouveau gadget ou une nouvelle innovation, on s'exclame en disant : « *le blanc est fort !* » Pourtant, plusieurs de ces innovations sont faites par des noirs. Certains diront que le gouvernement doit prendre les mesures de protectionnisme étatique afin de valoriser les produits locaux : ce qui est vrai. Mais n'oublions pas que le pouvoir se trouve dans nos poches.

Ce n'est pas le gouvernement qui remplit les paniers avec les produits importés. Ce n'est pas le gouvernement qui est propriétaire des supermarchés et qui met les produits locaux dans les plus bas rayons où la visibilité est très réduite. Les PME n'ont pas toujours les moyens de s'acheter les têtes de rayons dans les supermarchés, mais les propriétaires des grandes surfaces ont ce devoir de les encourager. Car si ces PME grandissent, ils grandiront aussi. Comment voulez-vous que l'agriculture de votre pays avance, quand vous préférez le maïs doux de France au maïs cultivé dans votre pays, quand vous préférez le poulet congelé l'Europe qui à celui de votre pays qui est plus bon ?

J'ai participé à plusieurs conférences sur le *made in Cameroon* et le *made in Africa*. A chaque fois, les entrepreneurs se plaignent que certains clients sont exigeants par rapport à la qualité, et sont même très regardant sur les normes ISO. Les normes ISO ont été établies par les occidentaux parce qu'ils ont déjà dépassé le cap de la quantité et recherchaient maintenant la qualité. Je ne dis pas que les entrepreneurs doivent vendre n'importe quoi aux consommateurs, mais nous avons encore un souci de quantité. Ici en Afrique, nous n'avons pas vraiment encore le droit de parler des normes ISO.

Une famille de huit enfants qui mange chacun un beignet le matin, ne se soucie pas de la qualité occidentalisée de ce beignet. Pour elle, ces beignets n'arrivent pas tous les jours. Il faut d'abord que nous produisons assez, à des conditions acceptables, au point qu'il y en ait assez pour tous, à des prix accessibles, avant d'être exigeants sur les normes. Il est plus responsable d'élaborer des normes locales sérieuses, mais à notre niveau. Un gouvernement qui ne peut même pas offrir de l'eau potable à sa population, alors qu'il perçoit des impôts pour la moindre activité, n'a pas le droit d'exiger des normes ISO aux petits producteurs. Où sont les clients dont le pouvoir d'achat peut payer pour ces normes ?

Quand vous dépensez 100 F sur un produit importé au lieu de le faire sur un produit local, 35% vont chez le propriétaire de l'usine, 10% vont chez les employés, 15% vont chez le producteur, 20% vont chez le distributeur/supermarché et environ 20% paie les taxes. Si par contre, vous achetez un produit *made in Cameroon* ou fabriqué dans votre pays pour 100 F, 35% iront chez le propriétaire de l'usine qui est africain et qui va l'utiliser pour créer encore plus d'entreprises et employer plus de gens. Ensuite, 10% iront chez l'employé. Et en Afrique, un salarié est responsable d'au moins trois personnes qui sont à sa charge. Marié ou non, dès que vous avez un boulot, c'est maintenant à vous de vous occuper de vos cadets, et parfois, de vos parents aussi. Alors quand vous achetez un produit local, vous contribuez aussi au développement de votre pays. 15% vont chez le producteur ou le paysan qui peut être votre parent, votre frère ou votre cousin qui a décidé de faire l'agriculture. Puisqu'on ne fait pas l'agriculture en ville, en achetant un produit local, vous permettez à ce cultivateur de continuer de produire au village et de subvenir à ses besoins. 20% vont chez le vendeur/distributeur qui est implanté chez vous. Enfin, les autres 20% contribue aux charges de l'Etat. Vous aidez donc votre pays et votre population à plus d'un niveau. C'est ce qu'on appelle encore « *le patriotisme économique* ».

Nous nous plaignons qu'il n'y a pas de travail pour nos jeunes ; que nos villages se vident au profit des villes ; comment voulons-nous qu'il y ait du travail quand nous encourageons l'économie européenne, asiatique et américaine par la consommation de leurs produits, sortis de leurs usines ? Quel que soit la bonne volonté des Etats africains, les gouvernements ne peuvent pas employer plus de 45% de la population active. En plus, le secteur public n'a jamais développé un pays ; c'est le secteur privé. Cela passe par la création d'usines de transformation de produits locaux et par la consommation de ceux-ci par les habitants du pays. Ensuite vient le marché à l'export.

Par produits locaux, je ne parle pas seulement de transformer nos produits de base, comme faire les chips de plantains, de bien emballer les bâtons de manioc, les cacahuètes ou de transformer des boissons naturelles, ce qui est tout aussi important. Je parle de la transformation de notre coton, par exemple ; d'avoir des industries qui fabriquent des tissus et vêtements faits maison ; des industries qui font des appareils électroniques et mécaniques; celles qui font des produits chimiques, des médicaments, des voitures et plein d'autres choses.

Quand vous préférez les tenues de marque italiennes au détriment de celles qui sont faites à base du coton local, tissées par un tisserand local, et cousues par un couturier local ; quand vous referez manger les *springles*, au point de les soulever pour que tout le monde voie, au lieu de préférer les chips bio et moins cher de votre pays ; ne vous plaignez pas du chômage ni de l'exode rural. Pire encore, ne vous plainez pas de l'immigration clandestine. Si nos dirigeants organisait tous les mois, une seule journée pour promouvoir le « CONSOMMER LOCAL », le dernier vendredi du mois par exemple, où on mange local, on s'habille local, on boit local, on appelle uniquement auprès de l'opérateur de téléphonie qui est africain, et même le carburant de nos voitures est acheté dans une station-service appartenant aux nationaux, imaginez le boom que cela peut faire !? Imaginez le Président de la République s'habiller une fois par mois d'un vêtement cousu par un couturier local ! Imaginez ce que ça peut faire, non seulement pour la réputation de ce chef d'entreprise et de son entourage, mais aussi sur la promotion de l'économie nationale ! Imaginez qu'on devienne tous des patriotes de notre économie ! Ash !...

BONUS 1

SEPT ETAPES POUR OBTENIR UN FINANCEMENT BANCAIRE

« On peut bâtir une réputation en 25 ans et la détruire en 25 minutes. » — **Warren Buffet**

Dans son livre *Comment Devenir Riche*,[27] Donald Trump, président actuel des Etats-Unis, dit : *« Quand on rencontre un boulanger, on lui demande 'Comment faire du pain ?' Quand on rencontre un riche, on lui demande 'Comment devenir riche ?' »* Quand les gens me rencontrent, ils me demandent comment j'ai fait pour obtenir le financement d'une banque dans un contexte où les banques sont très réticentes. Ce qui les étonne le plus, c'est le montant de soixante-cinq millions de franc. Il y a de l'argent dehors et même en abondance, alors voici comment j'ai fait pour obtenir le financement d'une banque.

Primo, **Choisissez une banque** qui a la réputation de financer les projets et surtout le type de projets que vous avez. Il y a des banques et des microfinances qui ont la réputation de ne financer que les entreprises commerciales. Pour d'autres, c'est plutôt les marchés publics. Pour d'autres encore, c'est l'achat d'équipement. Certaines financent les projets agricoles et les industries. Il existe plusieurs banques dans votre pays, certaines sont nationales d'autre pas. Au Cameroun, les banques étrangères, surtout européennes ou américaines, ont la réputation de ne travailler qu'avec les multinationales. Si vous êtes une PME ou une PMI agricole, n'allez pas dans ces banques. Elles ne vous financeront pas.

Renseignez-vous chez les commerçants, les industriels et les entrepreneurs nationaux. Quelles sont les banques qui accompagnent le plus les entrepreneurs ? Allez vers ces banques. Renseignez-vous sur les lignes et les procédures de financement de ces banques. J'ai dû discuter avec les gestionnaires de crédit de plusieurs banques au Cameroun. Ils me disaient toujours qu'ils ne financent pas les projets agricoles, parce qu'ils sont très risqués. C'était l'ordre de la très haute hiérarchie. Si vous êtes agripreneur, n'allez pas vers ces banques-là.

Secundo, **légalisez votre structure**. Ayez un compte bancaire au tout début de votre activité. La banque se fie aux données qu'elle a dans ses machines. L'erreur que beaucoup d'agripreneurs font est de fonctionner dans l'informel. Quand vient le moment de demander un crédit, ils ne peuvent prouver ni le flux de leur trésorerie, ni leur chiffre d'affaire. Autant que possible, faites vos transactions à la banque. Comme ça quand vous demanderez un crédit, ils verront l'historique de vos transactions dans leur système. Si vous ne voulez pas encore aller vers les banques, ouvrez votre compte dans une microfinance, parce qu'elles sont moins exigeantes et financent les personnes physiques.

Vous pouvez prendre un crédit dans certaines microfinances avec votre compte d'épargne, ce qui est impossible dans les banques. Selon le niveau, choisissez le type d'institution financière qui vous convient.

Tertio, **le prêt bancaire a pour but de booster** votre activité et non de risquer avec vous dans vos débuts. Aucune banque sérieuse ne financera votre projet avant que vous n'ayez exercé au moins pendant deux ans. Je dis simplement que ceux qui disent toujours que si votre projet est vraiment bon, il trouvera du financement ne disent pas la vérité. Même si votre projet est super génial, vous n'aurez rien avant d'avoir moins deux ans d'exercice. La banque est une entreprise à but lucratif. Sa première raison d'être est de faire du profit. Plus encore, de faire du profit avec l'argent des épargnants qui attendent les intérêts sur leurs épargnes. On ne donne pas de financement parce que votre projet veut protéger l'environnement, parce que votre idée est très innovante, encore moins parce que vous avez un business plan bien fait avec des prévisions bien colorées sur cinq ans et des détails au jour prêt.

Le rôle du financement de la banque est de booster votre activité. Ce qui veut dire que pendant les deux ou trois premières années, vous avez risqué avec vos propres moyens et vous avez constaté que l'activité est profitable. Maintenant, vous avez besoin de moyens pour vous étendre. La vérité c'est qu'à ce stade, avec ou sans la banque, vous pouvez vous développer. C'est juste qu'avec un crédit, vous irez plus vite. La banque peut donc vous financer.

Par exemple, vous êtes dans l'élevage de porc : la première année, vous avez commencé avec trois porcs ; à la deuxième année, vous êtes monté à dix porcs et à la troisième année à vingt porcs. Maintenant, vous êtes sûr que l'activité est rentable, vous avez des clients bien définis et une production croissante. Là, vous pouvez prendre un crédit pour agrandir ou moderniser votre ferme.

Quarto, Soignez votre réputation. Cela prend du temps de bâtir une réputation. Construire votre réputation doit commencer le plus tôt possible. Ma réputation d'entrepreneur a commencé à l'université. Si vous pouvez bâtir la vôtre dès le lycée, ce serait génial. « *Une bonne réputation vaut mieux qu'un bon parfum...* » dit la Bible dans le livre d'Ecclésiaste, au chapitre 7 et au verset 1. Pourquoi soigner sa réputation ? Parce que les banques financent, en général, la personne et non le projet. Un projet peut être bon, mais la personnalité du promoteur est déterminante. One ne sait pas si on a en face de soi un bon businessman et un bon manager. On ne sait pas si vous êtes crédible, si on peut se fier à vous.

Quand on prononce votre nom quel est la première chose qui vient dans la tête des gens ? Quand on tape votre nom sur Google, quelles sont les informations qui apparaissent ? En Fac, tout le monde, même mes profs, savaient que le business et moi, c'est une affaire très sérieuse. Mon intégrité n'était pas remise en question, ni ma recherche constante de l'excellence. Pour qu'on te confie autant d'argent, l'argent d'autres épargnants, il faut qu'on soit sûr que tu ne vas pas t'enfuir et balancer tout par terre, ou que tu ne vas pas plutôt t'acheter une grosse voiture le lendemain. Les banquiers regardent cela et c'est très important. Trop d'africains ont pris l'argent des gens pour aller mourir en idiots, à la méditerranée ou en esclavage en Lybie. C'est la réputation qui m'a permis d'avoir les garanties que la banque me demandait.

Pour bâtir votre réputation auprès de votre banque, commencez par prendre des micro-crédits, même si vous n'en avez pas besoin. Puis, remboursez-les à temps. On ne se pointe pas aussi facilement devant une banque ou une microfinance pour demander un crédit de cent millions ! On doit savoir d'où vous vous sortez et quels sont vos antécédents. Commencez par prendre un crédit d'un million et remboursez-le à temps. Puis, un autre de trois millions et remboursez-le aussi à temps. Ensuite, celui de huit millions que vous remboursez aussi dans les délais. Si vous avez pris ces trois crédits et que vous les avez remboursé dans les temps, la banque même va commencer à vous appeler pour vous donner un crédit de quinze millions parce qu'elle à la preuve que vous êtes un client honnête. Et ainsi de suite, vous arriverez donc au niveau où vous pourrez prendre des crédits importants pour des choses importantes.

Il y a des gens qui viennent vous voir pour que vous leur empruntiez deux mille francs remboursables dans une semaine. Deux semaines plus tard, quand il vous voit, il vous salue comme si de rien n'était. Il ne fait même pas allusion aux deux mille francs qu'ils vous ont empruntés. Trois semaines après, quand vous leur rappeler de vous rembourser vos deux mille francs, ils vous répondent : « *Donc c'est pour deux milles francs que tu veux me manquer le respect et salir mon nom partout ?* » Mon cher, ma chère, si tu ne veux pas qu'on salisse ton nom pour deux mille francs, rembourse ce que tu dois. D'expérience, ce genre de personne ne réussit pas avec un crédit d'un montant plus élevé. Les banquiers sont champions pour déceler quelques traits de comportement inédits.

Quinto, Ayez des garanties solides. En Afrique les garanties demandées doivent être, au moins, égales à deux fois le montant que vous demandez. Alors, si vous demandez un crédit de 5 millions, apprêtez les garanties de 10 millions. Je ne sais pas de quel pays vous me lisez, mais peu importe, les banquiers sont les mêmes, ils aiment les risquent totalement couverts, surtout dans le tiers monde. Cherchez donc à savoir quel est la valeur de la garantie demandée. Quand je demandais le crédit pour les travaux d'extension et de semi-mécanisation de mon exploitation agricole, il m'a fallu trouver des garanties.

Pour un jeune n'ayant même pas encore un lopin de terre qui m'appartienne quelque part, et qui n'avait pas de titre foncier, il fallait quand même trouver des garanties. La première personne vers qui je me suis tourné, c'est mon père. Non seulement il me connaît, il croit aussi en moi et il me fait confiance. Il a donc accepté de mettre la maison familiale en garantie. Il y a des gens qui ne sont même pas déjà crédibles au niveau familial. Si vos parents ne vous font pas assez confiance, comment voulez-vous que la banque le fasse ? Sur une échelle de zéro à dix, à quel niveau vous situez vous ? Soyez sérieux ! Si vous n'êtes pas au moins à huit points, réglez d'abord toutes vos dettes familiales et améliorez votre crédibilité, avant d'aller dans une banque. Si vous n'avez pas de garanties, tournez-vous vers des parents, oncles, tantes, cousins, etc. qui peuvent mettre un bien en garantie pour vous. Sachez bien que cela se mérite ; ils ne sont pas obligés.

Je trouve qu'il est même plus difficile de trouver une ou des garanties, que d'obtenir un financement bancaire. Celui ou celle qui met son terrain ou sa maison en garantie pour votre crédit, prend un risque plus énorme que vous. Puisque si vous ne remboursez pas le crédit, il/elle perdra plus que vous. Alors, si votre niveau de crédibilité n'est pas au maximum, il y a très peu de chances qu'un aîné vous donne son terrain en garantie.

Comme vous l'avez deviné, la maison familiale ne suffisait pas, il fallait encore une garantie supplémentaire. Je suis donc allé rencontrer un de mes pères, à qui j'ai minutieusement présenté le projet et il a excepté de mettre une de ses maisons en garantie pour que je puisse obtenir ce crédit. Je lui suis redevable.

Sexto, **Familiarisez-vous avec le personnel de la banque**, surtout ceux du département du crédit. Ils vous diront plein de choses qui pourront vous aider à obtenir votre crédit.

Septimo, **Ayez un business plan réaliste**. Ne prenez pas les banquiers pour des fous. Ne pensez pas qu'en inventant des chif-fres, et en mettant des marges bénéficiaires à trois chiffres, vous allez les impressionner et obtenir votre financement. Faites un business plan réaliste, qui montre les dépenses réelles et la rentabilité réelle de votre business.

Une autre méthode de financement que j'utilise le plus souvent est le crédit fournisseur. Beaucoup se plaignent de la difficulté à obtenir des crédits bancaires. J'aimerais vous dire une chose vraie: la confiance est une chose très rare de nos jours. Warren Buffet l'a dit en ces termes : « *L'honnêteté est un cadeau très cher ; ne l'attendez pas des personnes moins cher.* » Pour qu'une entreprise vous donne du crédit, il faut d'abord et avant tout de la confiance. Et la confiance est le fruit d'une réputation qui se bâtit avec le temps. Comment bâtissez-vous cette réputation auprès de vos fournisseurs ?

D'abord, il faut être un fidèle client. Achetez constamment et toujours chez le même fournisseur pour qu'il vous connaisse, qu'il connaisse ce que vous faites et même où sont situés vos champs. Si un fournisseur vous connait comme un client réglo, il fera tout son possible pour vous garder. Depuis que j'ai le début, j'ai gardé le même fournisseur d'intrants (*engrais, insecticides, herbicides...*) Avec ce fournisseur, je suis parti de 4 à 7 hectares, jusqu'à 40 hectares. Ce n'est que quand j'ai eu des difficultés financières que je suis allé voir mon fournisseur pour lui expliquer le problème et demander son aide. Il a accepté de m'aider avec un crédit fournisseur que j'ai remboursé dans les délais. Puis, un deuxième, un troisième et un autre de plus d'un million. La Bible ne dit-elle pas que si vous êtes fidèles dans les petites choses, vous le serez dans les grandes ? Eviter d'acheter les produits chez Paul aujourd'hui, et chez Pierre demain.

Ensuite, votre entourage doit vous connaître comme quel-qu'un d'honnête. Même si vous ne pouvez pas avoir un crédit fournisseur facilement, vous pouvez vous faire recommander par un parent, un ami ou une connaissance. Faites une liste de vos contacts et sélectionnez ceux qui peuvent vous recommander et faites le ratio pour voir votre taux de recommandabilité.

Vous pouvez aussi aller rencontrer les clients en cas de besoin de crédit. Mais ici, il faudra aussi avoir une bonne réputation. N'oubliez jamais, si les gens vous apprécient, ils vous écouteront, s'ils vous vont confiance, ils feront affaires avec vous. J'ai eu plusieurs clients qui m'ont dit que si j'avais besoin d'argent, je pouvais venir les voir. Beaucoup disent : « *Ce gars a juste de la chance ou il se prend trop la tête. Il doit avoir quelque chose qu'il ne nous dit pas.* »

Concernant le maïs, voici ce qui a fait que mes clients me fassent confiance. Un jour, j'allais livrer le maïs au marché B de Bafoussam. Arrivé chez le client, mon maïs était tellement propre que cela a impressionné l'acheteur. Il m'a dit que quelque semaines avant moi, il s'était fait livrer le maïs par quelqu'un qui avait carrément mis de la poussière au milieu du sac de maïs pour augmenter le poids. Pensez-vous que ce genre de personne ira loin ? Je ne pense pas. Prenez le cas de l'élevage de poissons ou de poulets. Certains producteurs ont déjà des clients qui sont bien liquides. S'ils savent que vous êtes un éleveur sérieux, ils se feront un plaisir de vous faire un crédit en aliment de finition que vous rembourserez après la vente de votre produit. Soyez juste réglo dans les délais que vous avez promis.

---

[27] Donald J. Trump, **Comment devenir riche**, traduit de l'anglais par Pascal Raciquot-Loubet, François Bourin Editeur, 2005, 266p.

Recevoir un financement de nos banques en Afrique est un exploit que très peu parviennent à le faire. Si vous avez introduit des dossiers de crédit dans une banque ou si vous comptez le faire un jour, cette partie vous intéresse et je vous invite à bien lire. Plusieurs m'ont dit que les banques en Afrique ne donnent le crédit qu'aux promoteurs de projets dont ils sont sûrs de l'échec, pour pouvoir s'accaparer des garanties. Ils n'ont pas totalement tords — des expériences le prouvent à suffisance — mais n'en faisons pas une excuse pour ne pas rembourser notre crédit. Les garanties sont un gage pour la banque, un moyen pour elle de récupérer son argent au cas où vous n'êtes pas à mesure de payer vos dettes.

Evitez de dépenser l'argent du crédit pour des activités autres que celles pour lesquelles il vous a été octroyé. 70% des entrepreneurs qui reçoivent un crédit bancaire et le réinvestissent dans un domaine autre que celui pour lequel ils l'ont reçu, échouent. Je suis sûr que si vous êtes sur le point de recevoir un crédit ou si vous comptez le faire, vous avez déjà fait votre business plan ou êtes en train de le faire. Dans votre business plan, vous avez inclus ce que vous ferez avec l'argent que vous allez recevoir et vous avez dressé un tableau d'amortissement au franc prêt. Faites tout pour respecter vos engagements, votre crédibilité en dépend. C'est vrai que lorsqu'on reçoit de l'argent, d'autres problèmes surgissent, des sources de dépenses non prévues veulent s'imposer, mais c'est à vous d'établir cette discipline.

J'ai expérimenté cela avec mon petit cousin. En rentrant un jour de visite de chez ma tante, son fils de 7 ans m'approche et me demande 25 F pour acheter un bonbon. Je lui ai remis une pièce de 100 F. A l'instant où je lui remets cette pièce de 100 francs, il a demandé à sa mère s'il pouvait plutôt acheter trois biscuits pour un total de 75 francs. A peine avait-il eu un surplus d'argent, qu'il a tout de suite aussi eu un surplus de besoins. Même les adultes sont pris à ce piège, à la différence que pour les adultes, les biscuits représentent le dernier cri de téléphone, une nouvelle voiture, une maison plus grande dont on n'a pas forcément besoin, ou ce petit plaisir extra dont on peut s'en passer. C'est pour cela que je dis toujours qu'une augmentation de salaire ne résous pas le problème de l'employé. Si un employé gagne 75.000 F, il va louer sa chambre à 20.000 F, manger un plat de 500 chez la Mami Ndolè, se coiffer chez le gars du coin et s'habiller pas cher.

Dès que vous faites passer le salaire de cet employé de 75.000 F à 300.000 F, tout change. Subitement, il ne trouve plus normal pour lui de vivre dans une chambre de 20.000 F, il ne faut surtout pas que si un collègue lui rend visite, qu'il le trouve dans une chambre. Il décide donc de prendre un studio moderne qui couté 80.000 F, qu'il va équiper d'un téléviseur à écran plat, fauteuil en cuir et frigo bien garni.

Puisqu'il ne peut pas avoir un si bel appartement et ne pas l'équiper de belles choses. On a donc dans ce cas, un employé qui gagne plus d'argent, mais n'épargne pas un centime de plus. C'est cette mentalité qui est transposée chez certains entrepreneurs quand ils obtiennent un crédit bancaire. C'est à ce moment qu'il pense à organiser son mariage, qu'il achète sa nouvelle voiture ou qu'il commente la construction de sa maison.

L'autre type d'entrepreneur est celui qui possède plusieurs entreprises ou qui gère plusieurs projets. Quand il obtient son crédit bancaire, il le dissémine entre ses différentes activités, au détriment du projet principal. C'est dans cette catégorie que je me suis aussi retrouvé, non pas que j'ai utilisé l'argent du crédit au détriment du projet principal, mais j'avais alloué près de 30% du montant reçu à d'autres activités. L'une des raisons pour laquelle j'ai écrit ce livre, est de vous faire éviter les erreurs que j'ai commises pour vous aider à avancer plus sagement.

Quand j'ai reçu le financement de la banque pour mon projet d'extension et de semi-mécanisation, j'avais aussi alloué une partie dans un dossier de titre foncier pour un terrain familial et une autre partie dans une entreprise qui ne marchait pas très bien —je me disais qu'avec un apport en fond de roulement, les choses iraient mieux, mais héla... Six mois après l'obtention du crédit, je n'avais plus rien. L'activité est devenue plus difficile que dans mes prévisions, pire encore, le marché du maïs est devenu rude avec la baisse des prix ; ajouté à cela, les caprices de la nature et les attaques des insectes. Cela m'a conduit aux retards sur mes paiements et au paiement de plusieurs millions de francs

d'intérêts supplémentaires à cause des impayés occasion-
nés.

BONUS 3
AYEZ DES AGRICULTEURS POUR AMIS

Vous êtes la moyenne des cinq personnes avec qui vous passez le plus de votre temps. Donc si vous passez votre temps avec des bureaucrates qui n'aiment pas se salir, vous finirez par penser comme eux. Commencez par assister à tout ce qui parle d'agriculture : salons, foires, exposition, etc. afin de vous familiariser avec votre industrie, avoir de bonnes informations et être au courant de nouvelles opportunités.

Marchez avec des agriculteurs, cherchez à connaitre le nom des agriculteurs qui ont réussi, comme les fans de foot connaissent leurs joueurs, leurs équipes, le style de jeu et les différentes compétitions. Savoir qui fait quoi, qui cultive quoi, quelle superficie cultive-t-il ? Quel est son rendement ? Qui sont ses fournisseurs ? Quel est son marché ? En apprenant à les connaître, vous vous compléterez en échangeant les idées.

Abonnez-vous à des magazines d'agriculture, au Cameroun et en Afrique Centrale, nous avons le journal *La voix du paysan*. Je ne sais pas ce que vous avez dans votre pays comme magazine ou article agricole. Cherchez à la savoir et abonnez-vous.

BONUS 4
COMMENT MÉCANISER SON EXPLOITATION AGRICOLE

En Afrique, le politique a fait une grande propagande sur l'agriculture de seconde génération sans aucune compréhension scientifique ni économique de la chose. On n'a pas compris ce que c'est l'agriculture de première génération, de seconde génération et de troisième génération. La seule agriculture qui rendra l'Afrique indépendante, c'est l'agriculture moderne. Quel type de mécanisation devez-vous donc adopter en fonction de la grandeur de votre exploitation ?

De zéro à cinq hectares, vous n'avez pas besoin de gros tracteurs ; ce qu'une personne peut faire à la houe, un bœuf peut le faire cinq fois plus. Pour les petites exploitations, le premier niveau est l'utilisation d'une mécanisation animale, en attelant des bœufs, des ânesses ou des chevaux. Ce type de mécanisation est plus utilisé dans les régions sahéliennes ou septentrionales.

Le deuxième niveau est une mécanisation motorisée grâce à de petits engins à moteur (*motoculteurs*) conduits par un homme/femme. Ce genre de mécanisation peut faire cinq, dix ou quinze hectares. Cette phase est une phase intermédiaire qui vous prépare au troisième niveau de mécanisation.

Le troisième niveau concerne des exploitations de plus de quinze hectares jusqu'à cinquante hectare. Ici aussi, il faut savoir quel type de tracteur acheter. Si vous avez 50 hectares et que vous achetez un tracteur de 35 chevaux. Vous allez vite abimer l'engin, parce que vous lui demandez d'en faire trop pour sa petite capacité. Pour un espace agricole compris entre 15 et 50 hectares, il vous est recommandé d'acheter un tracteur de maximum 60 CH. Si votre espace agricole est entre 50 et 100 hectares, il vous est recommandé de prendre un tracteur de 90 CH.

Si vous achetez un tracteur de 250 CH pour une parcelle de 50 hectares, en plus d'être couteux, il consommera beaucoup en carburant et ne sera pas utilisé au maximum. Mais si vos parcelles ont cette envergure, vous pouvez acheter un tracteur de cette puissance. Il vous sera d'une grande utilité et vous pourrez optimiser l'utilisation de vos machines. Les tracteurs et autres équipements agricoles ne sont utilisés que pour environ deux mois par an.

Il faut aussi noté que la mécanisation se fait aussi en fonction du type de sol que vous cultivez et du climat dans lequel vous vous trouvez. Si vous avez un sol qui est argilo-limono-sableux, vous aurez besoin d'un tracteur de plus grande puissance, que celui qui a un sol détritique ayant les mêmes superficies que vous.

Comment acheter vos équipements

Rassurez-vous d'acheter les équipements de meilleure qualité. L'équipement de qualité est primordial pour la réussite de tout projet industriel.

Evitez les machines et les équipements de seconde main, autant que faire ce peu.

Evitez les équipements chinois vendus sur place, sauf si vous avez la ferme assurance que ces machines sont de bonne qualité. Je dis cela parce que la plupart des équipements et machines chinoises vendues en Afrique sont de troisième choix. Ces vendeurs ou distributeurs le font parce qu'ils savent que la réglementation et les normes de qualité en Afrique ne sont pas strictes et aussi parce que le pouvoir d'achat est faible. Vous devez savoir que la Chine ne fabrique pas que des choses de mauvaises qualité, ils fabriquent le même objet en trois gammes : le haut, le moyen et le bas de gamme. Le problème c'est qu'au lieu d'exporter vers l'Afrique de bons appareils, ils nous vendent de la camelote ou ce sont les africains eux-mêmes qui importent de la camelote.

N'achetez pas les équipements dont les marques sont rares ou n'existent pas sur le marché local. Il n'y a rien de plus embêtant que d'avoir un appareil en panne et de ne pas trouver de pièces de rechange. Prenez conseil chez un technicien qualifié. N'écoutez pas tout ce que le vendeur vous dit, son objectif premier est de vendre ses équipements et ses machines. Si votre technicien vous donne son aval pour acheter une machine, faites-le.

Si vous voulez acheter un matériel chinois, allez en Chine et choisissez vous-même votre appareil ou équipement. Une fois là-bas, vous serez capable de faire le choix sur la qualité que vous voulez. Une fois acheté, vous pourrez l'expédier dans votre pays. Sauf si vous avez sur place un fournisseur qui vous certifie qu'il a du matériel de qualité excellente et qu'en cas de panne, il a toutes les pièces de rechange disponibles sur place.

Achetez autant que vous pouvez, tous vos équipements et machines à l'état neuf. En achetant un appareil neuf, vous aurez toujours une période de garantie, en plus de la fiabilité de l'appareil parce qu'il est encore neuf. Certains achètent des machines en occasion pensant économiser, mais comme on dit au Cameroun : *le moins cher est cher*. Je me rappelle quand j'ouvrais mon restaurant, j'ai fait cette expérience avec le congélateur et le réfrigérateur que j'ai achetés. J'ai acheté mon congélateur à l'état neuf, plus cher qu'un congélateur de la même contenance en occasion. Après plus d'un an avec ce congélateur, je n'ai jamais eu de panne. Pourtant avec le réfrigérateur que j'ai acheté en seconde main au prix de 170.000 F, j'ai finalement dépensé près de 75.000 F pour le dépanner et même après cela il n'a pas fonctionné normalement.

Cela m'emmène à parler de la notion de prix et de coût. En tant qu'entrepreneur, vous devez avoir ces deux notions en tête et comprendre leur signification. Le congélateur m'a coûté uniquement le montant du prix d'achat ; alors que le frigo m'a finalement coûté 245.000 F, soit 75.000 F de plus que le prix d'achat.

BONUS 5

MON CONSEIL À LA DIASPORA

Rentrez au pays au moins une fois par an. Pour être au courant des actualités réelles du pays, il faut être sur le terrain. Evitez de faire plus de deux ans hors du pays sans venir passer au moins un mois chaque année. De la même façon que les choses vont vite ailleurs, elles vont aussi vite ici en Afrique. Il faut être en contact avec les populations, le marché, les fournisseurs et ne pas sombrer dans le syndrome du *'mbenguiste'*. Le syndrome du mbenguiste[28] attaque les africains qui ont passé une longue période hors du Continent, sans revenir au pays natal. Ça commence généralement après deux ans passés en territoire étranger, et ça devient chronique avec le temps, vers les cinq, sept ans. La conséquence principale de ce syndrome sur l'entrepreneu-riat de la diaspora en Afrique est le dépaysement.

Quand vous discutez des idées d'affaires avec une personne qui a ce syndrome, ses idées sont séparées de la réalité du pays, un peu comme mars l'est de la terre. Ils ont souvent des idées d'applications et des projets bizarres. Leurs applications, pour la plupart, sont faites sans intervention d'un entrepreneur de terrain. Ils oublient qu'ici au pays, on pile encore le *fufu* dans le mortier, on vanne encore le haricot dans des bassines, on n'arrive pas encore à conserver le jus de *bissap* pour plus de deux semaines, etc. Revenir en

Afrique une ou deux fois l'an vous permet de garder le contact, de visiter les marchés et les champs. Vous verrez comment les choses se passent avent de vous lancer. Vous aurez des informations de premières mains, au-delà des informations alarmantes que vous renvoient vos médias. Des informations qui sont manipulées, la plupart du temps, par des agences qui ne souhaitent pas voir les fonds qui leur sont alloués disparaître du jour au lendemain. Demandez-vous pourquoi ces pays ne font que venir en Afrique, s'il elle était aussi mal partie !?

Une illustration simple de ce syndrome est dans le business de la brocante. Après cinq ou dix ans passé en Europe ou aux Etats-Unis sans revenir au pays, les gars ramènent encore des télés à tube cathodique, de vieux frigos, de vieux meubles, de vieilles voitures, parce que dans leur tête, la réalité est restée figée à l'époque où ils ont quitté le pays. J'ai vu un reportage où un gars a même mis de l'eau minérale dans le container pour sa brocante au Cameroun, en se disant qu'il n'y a pas d'eau potable au pays. Le pauvre !

Certains oublient que même au pays, les gens aiment être à l'heure. Personne ne veut plus rouler dans une voiture vieille de plus de dix ans ou avoir un téléviseur à tube cathodique dans sa maison. En plus, les Etats africains appliquent déjà beaucoup de taxes sur les vieux appareils.

---

[28] Dans le langage argotique camerounais, Mbeng signifie Occident. Le mbenguiste est donc celui qui a quitté l'Afrique pour l'Occident ou celui qui développe des attitudes occidentales dans un contexte africain. Il est généralement complexé et veut jouer les donneurs de leçons.

ACQUISITION DES TERRES

L'acquisition des terres est une étape incontournable dans le business de l'agriculture. Pour cela, il faut vous assurer non seulement d'acquérir une terre qui est fertile, mais une terre qui sera à un prix raisonnable et sur laquelle vous n'aurez à souffrir d'aucun litiges à l'avenir.

Pour savoir comment reconnaître une terre fertile, comment reconnaître les caractéristiques d'un terrain agricole idéal, allez sur ma page YouTube. Je l'ai déjà détaillé là-bas. Ici, je parlerai des procédures et conseils d'acquisition.

Primo, évitez les intermédiaires. En plus de surenchérir les offres, ils ne se soucient pas du service après-vente. Tout ce qu'ils veulent, c'est prendre leur commission et foutre le camp. Le pire, c'est qu'ils prennent les commissions des deux côtés, côté vendeur et côté acheteur. Autant que possible, cherchez à rencontrer directement le vendeur ou la famille qui vous vent ou vous loue la terre.

N'attendez pas d'avoir tous vos papiers (*titre foncier, titre de concession, etc.*) avant de commencer votre activité. Dès que vous avez acquis les parcelles, engagez avec les travaux de mise en valeur. Coupez les arbres, défrichez et commencez vos cultures. Faites-le pour deux raisons. La première : la lenteur administrative, surtout, au niveau du foncier dans nos pays est alarmante. Si vous attendez d'avoir tous vos documents légaux avant de commencer votre activité, vous risquez d'attendre bien longtemps.

Moi-même, après plus de quatre ans d'exploitation, je n'avais toujours pas encore fini avec les procédures foncières et cela ne m'empêchait pas de cultiver mon maïs. Je ne vous dis pas de rester tranquille après l'acte d'achat, mais de faire les deux en même temps. Engagez les procédures d'immatriculation et commencez vos cultures en même temps.

Deuxièmement, en mettant rapidement votre parcelle en valeur, **vous évitez les doubles ventes**. Certaines familles ne sont pas honnêtes du tout. Parfois, c'est juste quelques membres de cette famille qui seront tentés de revendre à l'insu des autres les terres inexploitées qui vous ont déjà été vendues. Il est arrivé que certains individus revendent ainsi les mêmes espaces à cinq ou six personnes. Occupez tout de suite vos espaces. Ne différez pas !

Ne faites jamais un achat de terre sans descendre au préalable pour voir le terrain que vous voulez acquérir. Rassurez-vous que le terrain est proche de la savane, c.-à-d. qu'il y a moins d'arbres et donc qu'il est moins coûteux d'investir pour sa mise en valeur. Recherchez des terrains plats ou avec des pentes très faibles, pour permettre aux engins de travailler facilement et aussi pour limiter le lessivage des engrais en cas de pluie.

Vérifiez l'accès au site, n'achetez pas de terre agricole où vous allez, après avoir cultivé, avoir toutes les difficultés pour acheminer votre produit sur le marché. Plus l'accès est éloigné et difficile, plus vous allez dépenser en transport et cela va affecter vos gains.

Enfin, rassurez-vous de l'existence d'un cours d'eau dans les environs. De préférence, que ce soit un cours d'eau qui ne tarit pas en saison sèche, si vous en aurez besoin pour l'irrigation. La répétition vaut la peine : achetez des terres fertiles.

BIBLIOGRAPHIE

AFP & MSA, Le Figaro, *Dossier sur le salon de l'agriculture 2019, les sept chiffres à connaître sur l'agriculture française.*

Afrique Durable 2030, *L'agriculture africaine : les défis de nourrir la population, développer l'économie et préserver l'environnement*, Numéro 4, Février 2017, Genève, Suisse.

Andrew Carnegie, *Extrait de son discours à l'endroit des étudiants du Curry Commercial College*, Pitts-burg, 23 juin 1885.

Andrew Carnegie, *The Empire of Business*, Doubleday, Page & Co., New York, 1902.

Andrew Carnegie, *The Road to Business Success: A Talk to Young Men*, Doubleday, Page & Co., New York, 1902.

Benjamin Kisso, *Je crée mon entreprise : les démarches du jeune promoteur*, 2000, 51p.

David L. Altheide, *The Media Syndrom*, Routledge, New York, 2016, 246p. ISBN: 9781629581477.

Donald J. Trump, *Comment devenir riche*, traduit de l'anglais par Pascal Raciquot-Loubet, François Bourin Editeur, 2005, 266p.

Euromonitor International, *The World Youngest Populations*, 2012.

Eurostat (2019).

FAO, *Food security for sustainable development and urbanization: Inputs for FAO´s contribution to the 2014 ECOSOC Integration Segment*, 27-29 May 2014.

Gillian Klucas, *Yield gap study highlights potential for higher crop yield in Africa*, University of Nebraska-Lincoln, 2015.

Grant Cardone, *If You're not the First, You're Last: Sales Strategies to Dominate Your Market and Beat Your Competition*, John Wiley & Sons Ltd., NY, 2010, 272p. ISBN: 9780470624357.

Jason Fried & David Heinemeir H., *Rework*, Currency, 2010, 288p. Publié en français sous le titre *Rework: réussir autrement*, Maxima L. du Mesnil, 2012, 238p.

Jean Samuel Noutchogouin, *A la mesure de mes pas*, Monde Global Editions Nouvelles, 2015, 194p.

John Sviokla & Mitch Cohen, *The Self Made Billionaire Effect: How Extreme Producers Create Massive Value*, Penguin Books, 2014, 256p. ISBN: 9780241246993.

Joki Gautier (Oxfam 2012), Beth Hoffman (Oxfam GB), *Les dix géants qui contrôlent l'agroali-mentaire au monde*, Oxfam International, Oxford, UK, 2013, ISBN: 9781780772585.

Louis Segond, *La Sainte Bible*, Alliance Biblique Universelle, 1910.

Martin Fridson, *How to be a Billionaire: Proven Strategies from the Titans of wealth*, John Wiley & Sons Ltd., New York, 2000, 320p. ISBN: 9780471332022.

NEPAD, *Les Agricultures Africaines: Transformations et Perspectives*, novembre 2013, 72p.

ONU/DESA, *Perspectives de la population mondiale : Révision 2017*.

https://www.afdb.org/fr/news-and-events/the-future-of-africa-depends-on-agriculture-17310

http://www.lefigaro.fr/conjoncture/2019/02/22/20002-20190222ARTFIG00005-les-sept-chiffres-a-connaitre-sur-l-agriculture-francaise.php

http://www.pek-grandirsolide.com

http://www.salon-agriculture.com

http://www.un.org/development/desa/fr/news/population/world-population-prospects-2017.html

https://news.unl.edu/newsrooms/unltoday/article/yield-gap-study-highlights-potential-for-higher-crop-yields-in-africa

https://population.un.org/wpp

https://www.carnegie.org/interactives/foundersstory/#!/

https://www.huffpost-ma-ghreb.com/2017/02/01/lafrique-compte-pres-de-281-millions-dinter-nautes_n_14544828.html

https://www.maar.net/fr/edu/glossaire/diversification-economique.

https://www.ny-times/com/2019/05/27/world/africa/farming-millenials.html?action=click & module=Top%20Stories&pgtype=Homepage

A PROPOS DE L'AUTEUR

Loïc Kamwa est un jeune agripreneur camerounais qui s'est spécialisé dans la culture du maïs et la production des poulets de chair. Son exploitation agricole de 40 hectares est située dans la localité de Bafia au Cameroun. Il est diplômé de l'université *PKFokam Institute of Excellence* de Yaoundé et titulaire d'un Bachelor Degree of Business Administration de *SUNY Canton State University* de New York.

Après sa formation aux Etats-Unis, il est rentré au Cameroun pour se lancer dans l'agriculture, convaincu que le développement de l'Afrique ne peut se faire que par les africains, et qu'il consiste d'abord en la production et la disponibilité d'une alimentation qualitative et quantitative pour sa population.

Il nourrit le projet de devenir le leader Africain en production de céréales et volailles d'ici 2050 pour pouvoir nourrir la population africaine qui sera alors estimée à 2,5 milliards d'individus.

C'est pour susciter d'autres agripreneurs visionnaires et leur donner des outils nécessaires et pratiques pour démarrer leur propre exploitation que Loïc a lancé *Agribusiness Academy* à Bafia, un centre de formation professionnelle d'excellence en Agriculture et Agrobusiness.

Facebook: @loickamwaofficiel | **Twitter**: @kamwa_loic
LinkedIn: @loic-kamwa | **YouTube**: Loïc Kamwa
www.**loickamwa**.com

Manufactured by Amazon.ca
Bolton, ON

13009829R00088